子どもの社会的思考力・判断力の発達と授業開発

—— 歴史的分野を中心として ——

加藤 寿朗　梅津 正美
前田 健一　新見 直子 ［著］

風間書房

は　じ　め　に

　子どもは社会をどのように認識するのだろうか。社会の認識の仕方にはどのような特徴があるのだろうか。それは一体どのように発達するのだろうか。これらの問いは，子どもの社会認識やその発達に関心がある人にとっての基本的な問題意識であろう。また，どうしたら子どもの社会認識をより質の高い科学的なものへと成長・発達させることができるのかという問いは，発達と教育の関係，特に社会科授業づくりやその実践を考える際の重要な問題である。このように子どもの社会認識やその発達への関心は高く，発達と教育の相互作用についての新しい知見も求められている。しかし，子どもの社会認識の発達とその形成についての研究は他の認識領域，例えば論理数学的認識や自然認識のものに比べると取り組みが遅れているのが現状である。

　本書は，社会科教育学と発達心理学を専門とする研究者，および授業協力校の中学校社会科教員が発達調査と社会科授業開発を共同で行ってきた研究の成果をまとめたものである。本書を貫く研究課題であり，筆者らの基本的な問題意識でもある「問い」は次の3つである。

○子どもは社会的事象についてどのように思考・判断していくのか，それにはどのような発達的特徴があるのか。

○教師による適切な働きかけによって，さらに発達可能な社会的思考力・判断力の「最近接発達領域」とは何か，そこに働きかける具体的な指導方略は何か。

○子どもの社会的思考力・判断力の発達と形成に関する科学的・客観的なエビデンスにもとづく社会科授業とは何か，どのように開発すべきか。

　本書は，「子どもの社会的思考力・判断力の育成」という教育課題に対して，どの学年段階や時期に，どのような教育内容を，どのように指導すれば発達を促進できるのかについて，科学的・客観的なエビデンスを示しながら明らかにしようとするものである。

　「子どもは社会をどのように認識するのか」「それはどのように発達するのか」「発達を促す教育的働きかけは何か」という，子どもの社会認識の心理・発達に着目した社会科授業づくりとその実践の実現に向けて，本書が一つの方途を提供することになれば幸いである。

加藤　寿朗

目　　次

序章　子どもの社会認識の心理・発達に着目した授業開発
——研究の目的・方法と本書の構成——

　子どもは社会をどのように認識するのか。子どもの社会認識の心理・発達に即した社会科授業構想に生かせる発達研究は，何をどのように明らかにすればよいのか。また，発達調査から得られたデータをどのように授業開発に生かせばよいのか。このような問題意識から本書は，①子どもの社会認識の心理・発達に関する実証的データを調査によって得ること，②心理・発達に焦点をあてた社会認識形成の指導方略について実験的授業を通して検証すること，③心理・発達に焦点をあてた社会認識形成の基礎理論（仮説）にもとづきながら，子どもの社会認識の発達を促進する社会科授業を開発すること，の３点を主たる目的とする。

I　研究目的

　子どもの社会認識の心理・発達に関する研究の目的と方法を整理したものが表１である[1]。研究目的は，大きくはレディネス研究とプロセス研究に分けられる。レディネス研究とは，子どもが「社会の何を知っているのか」「どの程度知っているのか」「どのようにわかっているのか」といった社会認識の様相を明らかにするものである。プロセス研究とは「どのようにわかっていくのか」「それはなぜか」といった子どもの社会認識の過程や思考の道筋について解明することを目的とする研究である。

　しかし，これらの研究が最終的に目指すのは，発達と教育の相互作用の解明であろう。それは，「いつ」「どうしたら促進できるのか」といった子ども

2

表1　子どもの社会認識の心理・発達に関する研究の目的と方法

研究目的	レディネス研究	**社会認識の発達の様相**：学習に対する社会認識の発達水準や実態，その諸特質の解明。点的，静的，記述的研究。子どもは社会的事象および事象間の関係，意味について，「何を知っているのか」「どの程度知っているのか」「どのようにわかっているのか」。	**発達と教育の相互作用**：発達を促進する教育的働きかけの適時性・適切性の解明。子どもの社会認識の発達を，「いつ」「どうしたら促進できるのか」。
研究目的	プロセス研究	**社会認識構造の発達**：社会認識の発達の過程や条件，その機能の質の解明。線的，動的，説明的研究。子どもは社会的事象および事象間の関係，意味について，「どのようにわかっていくのか」「それはなぜか」。	（同上）
研究目的	プロセス研究	**社会認識の発達の規定因**：社会認識の発達に影響する内的・外的要因の解明（経験要因，環境要因，能力要因など）。	（同上）
研究方法	実証的研究	**調査的研究**：一定の教育・社会・文化的条件下における子どもの自然発達的な社会認識の位相を横断法や縦断法によって明らかにする研究法。	
研究方法	実証的研究	**実験的研究**：学習過程を計画的にコントロールし，特定の刺激を与えながらその中で社会認識形成過程のメカニズムや条件を明らかにする研究法。	
研究方法	理論的研究	実際の社会科授業や実践記録の中に見出される子どもの社会認識の仕組みや変容過程を周辺諸科学の成果を援用しながら演繹的に分析・説明する研究法。	

※加藤寿朗『子どもの社会認識の発達と形成に関する実証的研究』風間書房，2007，p.25を一部修正

の社会認識の発達を促進する教育的働きかけの適時性や適切性に関わる科学的・客観的な発達的根拠を示すことである。社会認識の発達の様相に関する知見は，発達を促進する教育的働きかけを具体的に解明していく中で吟味・応用されることが必要であろう。

　一方，子どもの社会認識の心理・発達を研究する方法に着目すると，表1に示すような二つの方法に大別される。一つは実験的な授業や調査を通して検討していく実証的研究であり，調査的研究と実験的研究がある。もう一つは実際の社会科授業や実践記録等の中に見出される子どもの社会認識の仕組みや変容過程を諸科学の成果を援用しながら分析・説明する理論的研究である。

　これまでも授業理論や授業構成の妥当性に関する科学的・客観的な発達的根拠が求められてきた。しかし，子どもが社会を認識する内的メカニズムを実証的に把握する方法論的な課題もあり，社会科授業改善に生かすための実証的研究による知見が十分には提供されてこなかったのが現状である[2)]。

　以上のことから，子どもの社会認識の心理・発達に関する研究の目的（課題）を以下のようにまとめることができる。

　子どもに社会認識の形成を通して市民的資質を育成するという社会科の教科の本質を踏まえながら，どの学年段階（あるいは時期）に，どのような教育内容を，どのように指導すれば認識発達を促進できるのかについて，客観的・科学的なエビデンスを示しながら明らかにすることである。それは，発達を促進する教育的働きかけの適時性・適切性について，社会科授業開発に応用可能な具体的な指導方略として解明することである。

Ⅱ　研究方法と本書の構成

　筆者らは，上述した子どもの社会認識の心理・発達に関する研究目的（課題）を踏まえ，中学生の社会的思考力・判断力に着目した共同研究を継続的に行ってきた。この研究の第一の目的は，中学生の社会的思考力・判断力の発達特性を解明し，能力の発達を促す適切な授業を適時に構成しながら実践していくための根拠となる実証的データを得ることにある。共同研究者は，社会科教育学（社会認識の発達と形成について研究している研究者と社会科授業構成研究を専門とする研究者）と発達心理学（社会的な認知研究の一領域である対人認知等について調査研究を行っている研究者）を専門とする研究者，および授業協力校の中学校社会科教員からなる。

　本研究では，所期の目的を達成するために，次のような手順と方法を採る。

　①社会科で育成を目指す「社会的思考力・判断力」の構成要素を，授業づ

くりの実際と結び付くような形で規定し，その育成・評価のための授業および調査問題の類型を措定する。（能力の規定）

②中学生の社会的思考力・判断力を測る発達調査を実施し，その結果の分析を通して社会的思考力・判断力を構成する諸能力の発達特性を明らかにし，発達仮説を導出する。（発達仮説の設定）

③発達仮説を踏まえながら，中学生の社会的思考力・判断力の発達を促進する教育的働きかけの適時性・適切性を検証するための実験的授業を実施し，その結果分析を通して指導方略についての授業仮説を提示する。（授業仮説の設定）

④中学生の社会的事象に関する関心・意欲および主体的な学習態度を測定する調査を実施し，社会的思考力・判断力と関心・意欲・態度との関連を明らかにする。（能力と関心・意欲・態度との関連性の解明）

⑤研究授業を通して心理・発達に焦点をあてた社会認識形成の基礎理論（発達仮説と授業仮説）を批判的に吟味・修正し，中学校社会科授業モデルを開発する。（授業モデルの開発）

　なお，第3章で詳述するように，中学生の社会的思考力・判断力の発達については，分野間の違いが想定されることから，本書では歴史的分野の内容に焦点をあてて研究を進める。

　以上の研究成果をまとめた本書の各章の構成は次のようになる。

　第1章では，社会科教育学における授業研究方法論を観点としながら，本研究の位置・意義とその限界，および本研究で取り組んだ社会科教育研究者，発達心理学研究者，中学校社会科教員（授業者・授業協力者）の協働的研究体制の構築について論じる。

　第2章では，社会科で育成をめざす社会科学力の構造を措定した上で，その構造における社会的思考力・判断力の位置づけと構成要素となる5つの能力を明らかにする。また，それらの諸能力を育成・評価するための3つの授

業および調査問題の類型を示す。

　第3章と第4章では，中学生の社会的思考力・判断力の発達に関する横断的・縦断的調査を行い，発達の様相を明らかにするとともに，その特性を発達仮説として示す。

　第5章と第6章では，調査研究から得られた発達仮説にもとづいて，社会的思考力・判断力の発達を促進するための教育的働きかけの適時性と適切性について，実験的授業を通して検証するとともに，社会的思考力・判断力の中でより高次の能力と想定される批判的思考力の発達を促進する指導方略を社会科授業仮説として示す。

　第7章では，中学生の批判的思考力，社会的事象に対する関心・意欲および社会的態度のそれぞれにおける発達傾向を検討するとともに，批判的思考力と社会的事象に対する関心・意欲や主体的な学習態度との関連性を明らかにする。

　第8章では，調査研究と実験的授業を通して得られた発達仮説，授業仮説を踏まえた中学校社会科授業モデルを開発する。

（付記）
※本書は，以下にあげる科学研究費助成事業に基づいて実施した研究の主要な成果をまとめたものである。
・科学研究費補助金（基盤研究C（一般））課題番号：20530823（平成20〜22年度），研究課題：中学生の社会認識構造の変容過程とその形成に関する縦断的発達研究
・科学研究費補助金（基盤研究C（一般））課題番号：23531199（平成23〜26年度），研究課題：小・中学生の社会的思考力・判断力の発達に基づく社会授業モデルの開発研究
・科学研究費補助金（基盤研究C（一般））課題番号：15K04436（平成27〜29年度），研究課題：中学生の批判的思考力を育成する社会科授業開発に関する発達的研究
・科学研究費補助金（基盤研究C（一般））課題番号：18K02530（平成30〜令和2年度），研究課題：児童・生徒の批判的思考力の発達に基づく小・中学校社会科授業モデルの開発研究

6

※本書の内容のもととなる研究成果をまとめた主要な文献は以下の通りである。なお、いずれも本書を編集する過程で、程度の差はあるが、再構成や大幅な加筆修正を行っている。

・前田健一、新見直子、加藤寿朗、梅津正美「中学生の批判的思考力と社会的事象に対する関心・意欲および社会的態度」『広島大学心理学研究』第10号、2010年、pp. 89-100。

・加藤寿朗、梅津正美、前田健一、新見直子「中学生の社会認識の発達に関する調査的研究（Ⅰ）－思考力・判断力の発達に焦点をあてて－」『社会認識教育学研究』第26号、2011年、pp. 1-10。

・同上「中学生の社会認識の発達に関する調査的研究（Ⅱ）－思考力・判断力の関係性に焦点をあてて－」『社会認識教育学研究』第27号、2012年、pp. 1-10。

・加藤寿朗、梅津正美、前田健一、新見直子他「中学生の社会的思考力・判断力の発達に関する研究（Ⅱ）－公民的分野を事例とした調査を通して－」『島根大学教育学部紀要』第46巻、2012年、pp. 61-73。

・梅津正美、加藤寿朗、前田健一、新見直子他「中学生の社会的思考力・判断力の発達に関する研究（Ⅰ）－歴史的分野を事例とした調査を通して－」『鳴門教育大学研究紀要』第28巻、2013年、pp. 64-79。

・加藤寿朗、梅津正美、前田健一、新見直子「生徒の社会認識発達の変容に関する調査的研究－中学校歴史学習の場合－」歴史教育学会（韓国）『歴史教育論集』第52集、2014年、pp. 163-194、原文はハングル語。邦文論文は、加藤寿朗、梅津正美「中学生の社会的思考力・判断力の発達に関する横断的調査研究－歴史的分野の調査を中心として－」『社会科教育論叢』第49集、2015年、pp. 75-84。

・梅津正美、加藤寿朗、前田健一、新見直子「中学生の社会的思考力・判断力の発達特性をふまえた社会科授業仮説－」『社会認識教育学研究』第30号、2015年、pp. 161-170。

・加藤寿朗、梅津正美「中学生の社会的思考力・判断力の発達に関する縦断的調査研究－歴史的分野の調査を中心として－」『日本教科教育学会誌』第38巻第3号、2015年、pp. 35-47。

・加藤寿朗「子どもの社会認識発達に関する調査と社会科授業開発」梅津正美・原田智仁編著『教育実践学としての社会科授業研究の探求』風間書房、2015年、pp. 239-253。

・梅津正美「中学生の社会認識発達の特性をふまえた社会科授業仮説－実験的授業の計画と実践における方法論－」『同上書』pp. 254-272。

・梅津正美「社会科授業研究方法論の最前線―客観主義と構成主義の「対抗」から「対話」へ―」西村公孝・梅津正美他編著『社会科教育の未来』東信堂，2019年，pp. 56-65。

・梅津正美，加藤寿朗，前田健一，新見直子「批判的思考力の発達を促す教育的働きかけとしての社会的判断力の育成―中学校歴史的分野の実験的授業を通して導く授業デザイン―」『社会科研究』第90号，2019年，pp. 1-12。

・梅津正美「社会科授業研究方法論の展開と課題」梅津正美編著『協働・対話による社会科授業の創造』東信堂，2019年，pp. 12-21。

・加藤寿朗「子どもの発達データを用いて論理実証アプローチを再構築する試み―中学生の批判的思考力の発達を促進する歴史授業デザインを通して―」『同上書』pp. 200-227。

・梅津正美「批判的思考力の発達を促進する社会科単元構成―中学校歴史的分野の場合―」社会系教科教育学会編『社会系教科教育学研究のブレイクスルー―理論と実践の往還をめざして―』風間書房，2019年，pp. 124-134。

【注】

1）社会科教育学および心理学における子どもの社会認識の心理・発達とその形成に関する研究を整理したものとしては，例えば次のようなものがある。加藤寿朗『子どもの社会認識の発達と形成に関する実証的研究―経済認識の変容を手がかりとして―』風間書房，2007年，同「社会的認識」栗原和広編著『子どもはどう考えるか―認知心理学からみた子どもの思考―』おうふう，2010年，pp. 127-146，同「社会的認識と指導」栗原和広編著『授業の心理学―認知心理学からみた教育方法論―』福村出版，2014年，pp. 126-145。

2）本書では第8章において，批判的思考力を育成する歴史授業の開発を目指すが，主要な先行研究をみると子どもの認識発達の様相についての考慮が十分ではないことが指摘できる。梅津正美他「批判的思考力の発達を促す教育的働きかけとしての社会的判断力の育成―中学校歴史的分野の実験的授業を通して導く授業デザイン―」『社会科研究』第90号，2019年，pp. 1-12。

（加藤寿朗）

第1部　子どもの社会的思考力・判断力を捉える視点
——社会認識と社会科——

第1章　社会科授業研究方法論の展開
——本研究の特色と意義——

第1章では，本研究における「調査を通じて得た授業仮説を踏まえて中学生の社会的思考力・判断力の発達を促進する社会科授業モデルを提示する方法論」を，「実験的・実証的授業開発研究」として概括した上で，社会科教育学における授業研究方法論の展開に位置づける。具体的には，本研究が，客観主義実証研究に位置づくひとつの社会科授業研究として遂行され，研究者が望ましいと考える授業理論の適用・応用による単元の開発・実践に止まる「規範的授業開発研究」から「実験的・実証的授業開発研究」へと論理実証的アプローチを再構築するところに特色と意義があることを述べる。

I　本研究の方法論

筆者らは，中学生の社会的思考力・判断力[1]の発達傾向を解明し，能力の発達を促す適切な授業を，適時に構成し実践するための根拠となる実証的データを得ることを目的に，共同研究を継続的に行ってきた。

本研究は，次に示す主要な5つの方法と順序により進めてきた。

①社会科学力としての社会的思考力・判断力を規定し，その育成・評価のための授業および調査問題の類型を措定する。

②中学生の社会的思考力・判断力の発達に焦点をあてた横断的調査と縦断的調査を行い，能力の発達特性を明らかにし，発達仮説を導く。

③中学生の社会的思考力・判断力の発達を促進する教育的働きかけの適時性・適切性を検証するための実験的授業を行い，その結果の分析を踏ま

えて授業仮説を設定する。

④中学生の社会的事象に関する関心・意欲・主体的な学習態度を測定する調査を実施し，社会的思考力・判断力，中でも批判的思考力と関心・意欲・態度との関連を明らかにする。

⑤授業仮説にもとづいて社会科授業モデルを開発する。

　本研究の方法論は，概括的に述べれば，調査を通じて得た授業仮説を踏まえて中学生の社会的思考力・判断力の発達を促進する社会科授業モデルを提示する方法により，能力の発達の様相とその促進のための教育的手だてを統一的に示そうとする「実験的・実証的授業開発研究」であると言うことができる。

II　社会科授業研究方法論の展開

1．研究方法論と認識論を視点とした方法的枠組み

　本研究の遂行にあたり，社会科授業研究の展開における本研究の特色・意義と限界を明確にしておきたい。そのために，1990年前後から現在に至る社会科授業研究の先駆的で代表的な成果をレビューし展開の傾向をつかみ，本研究の位相を示していこう。社会科授業研究の展開を捉えるための方法的枠組みを，研究方法論と認識論を視点に構成した[2]。

　まず，研究方法論の軸として，「授業研究として何を為しているのか」という観点から，「開発」と「実証」の2類型を設定した。「開発」研究の基本的なリサーチ・クエスチョンは「授業改善のために，何を創出すべきか。」である。「実証」研究の場合は「授業・教師・子どもはどうなっているか。それはどのように確認できるか。」である。

　次に，研究者が研究対象に関する知識を捉える認識論に着目して，「客観

表 1-1　社会科授業研究の方法的枠組み―研究方法論と認識論―

方法論 認識論	Ⅰ　開発	Ⅱ　実証
A　客観主義	知識の探求・評価・選択にもとづく授業開発	調査的・量的方法
B　構成主義	言説の読解・吟味・使用にもとづく授業開発	関与的・質的方法

主義」と「構成主義」[3]の 2 類型を設定した。客観主義の認識論は，真理としての知識は認識主体の外側に客体として独自に存在していると考える。そのような知識は，研究者が対象から離れて仮説を立て，条件を制御して実験・観察を行い検証することにより暫定的に認識可能になるとする。一方，構成主義の認識論は，知識はそれぞれの認識主体の経験や価値観と不可分に結びついており，ある時間や場所で「語られたもの・こと」（言説）として主観的に存在していると考える。そのような知識（言説）は，多様な認識主体の言葉を介したコミュニケーション的関係から意味を与えられ社会的・文化的につくり出されているとする。

　授業研究の目的と方法論を視点に整理すれば，客観主義の認識論に立ち，授業研究の一般性・客観性を重視し，授業理論にもとづく現状の変革を志向する方法論の典型が，論理実証的アプローチである。これに対して，授業研究の状況性・主観性を重視し，現状の把握と状況における課題解決のための教育的価値の生成を目指す方法論の典型が，社会文化的アプローチである。

　研究方法論の 2 類型と認識論の 2 類型をクロスさせて，次の 4 類型を設定し枠組みとした（表 1-1 を参照）。

1．客観主義開発研究
2．構成主義開発研究
3．客観主義実証研究
4．構成主義実証研究

2．客観主義開発研究の展開

　客観主義開発研究は，1990年代までに基本的な研究方法論が確立したと言える。この型の研究は，事実と価値の二元論に立ち，子どもに育成すべき社会認識体制を，事実―解釈―概念・理論・法則―価値を基本的な構成要素とする客観的な「知識の構造」として捉え，それを基盤とする授業論を立てている。その結果，この型の研究は，客観的知識の探求・評価・選択決定を原理とする授業開発研究として展開してきたと概括することができる。

　この型の典型をなす研究例の第1類は，子どもに「開かれた科学的社会認識」を形成するために，社会諸科学の成果としての概念・理論・法則を，科学者が行う仮説提示・批判・修正の探求過程として組織する授業の開発研究である。森分孝治が「探求としての社会科授業構成」の原理を確立すると[4]，以後森分の理論を補強したり拡張したりするように研究が進展した。原田智仁は，時代の社会の構造・特質を捉え説明した歴史理論の批判的習得過程として授業を組織する「理論批判学習」を提案した[5]。また，児玉康弘は，学問的裏付けのある異なる複数の歴史解釈を，子どもが批判・評価・選択する「解釈批判学習」を提起した[6]。

　研究例の第2類は，「合理的意思決定学習」の授業開発研究である。合理的意思決定学習は，上記第1類の研究に対して，社会認識体制における価値的知識を扱い，現代社会あるいは過去社会に見られる社会的（歴史的）論争問題を学習課題に設定し，その課題に対して事実・データを踏まえた根拠（理由づけ）にもとづいて解決策を評価・選択決定する授業論である。この授業論の展開は，岩田一彦の「概念探求・価値分析学習」[7]，小原友行の「意思決定力育成の歴史人物学習」[8]の提案を契機とする。岩田・小原の授業論は，実在する（した）社会問題（社会的論争問題）の背景・構造・要因を分析・理解し，それにもとづいて子ども個人が，複数の解決策を吟味・評価し，最も合理的な解決策を選択決定するように組み立てられている。

　研究例の第3類は，「合意形成学習」の授業開発研究である。合意形成学習は，合理的意思決定学習が，解決策を予測できる論争問題を内容とし，個人としての合理的・説得的判断に帰結していることを批判して立論された。パイロット研究として，吉村功太郎は，例えばエイズ患者のプライバシー権問題といった，解決策の予測困難な社会的論争問題を内容とし，事実と価値の論理的整合性を吟味・検証する過程を経て，民主主義社会の普遍的な価値（例えば，基本的人権の尊重）を基準に，対立する価値の整序を行い合意可能な解決策を提案・相互評価する授業論を提案した[9]。また，水山光春は，吉村の立論において，子どもの合意形成の内容の成長を見取る手だてが不明確であると批判し，トゥールミンの「議論」のモデルにおける「留保条件」（〜である限り，〜でない限り）に着目し，対立する論者（子ども）が，自説の適用範囲を限定していくことで合意形成の内容を明示的につかみ合意につなげていく授業論を提起することで合意形成学習論を拡張した[10]。

3．構成主義開発研究の展開

　構成主義開発研究は，客観主義開発研究への対抗として2000年前後の時期から盛んに取り組まれるようになってきたと言える。この型の研究は，事実と価値の一元論を基盤に，言説（＝価値と不可分に語られた知識あるいはその使用法）にもとづく認識が，多様な社会のあり方を構成するとして，言説の読解と吟味・選択判断・実践を原理とする授業開発を展開してきた。

　この型の典型をなす研究例の第1類は，社会関係における人間の見方・考え方となる概念や行為の基準となる規範の構築過程と権力作用を読み解く授業の開発研究である。先駆となる研究として，高橋健司は，「ユダヤ人種」概念の構築性に着目した授業開発を行った。授業は，19世紀後半から20世紀前半（ナチズム時代）のドイツ史において，「ユダヤ人種」概念が構築され実体化していく過程を認識するとともに，「人種」概念を通して見た構築される社会問題を発見・認識する展開になっている[11]。梅津正美は，身体・ジェ

ンダー・都市空間に関わる近代規範の構築過程とそうした規範がつくり出す差別・抑圧を伴う非対称な社会関係を読み解くとともに，規範にもとづく自己の行為のあり方を反省的に吟味する「規範反省学習」を提起した[12]。

　研究例の第2類は，法や制度，政策に内在する社会のあり方に関する価値観と自己の支持する社会のあり方に関する価値観との対立から異議申し立てにより生じる社会問題を扱い，その解決策あるいは背後にある価値を比較・吟味・選択判断する授業の開発研究である。代表的研究として，藤瀬泰司は，例えば会社と社員の権利問題を問う特許権問題といった，意図せざる結果として発生する社会問題とその解決策を議論することを通して，個人と社会（集団・組織・体制）の様々なあり方を吟味し，子ども自身が自己の目指す望ましい社会編成の選択判断基準を構成していく「開かれた公共性形成学習」[13]を提案した。また，溝口和宏は，アメリカの人種問題を事例に，多民族・多文化社会のあり方に関する自己の内面的な価値形成と法・制度に組み込まれた歴史的社会的な価値形成とを比較対照しながら，社会編成に関する多様な価値にもとづく選択判断を吟味する「開かれた価値観形成学習」の授業論を展開した[14]。

　研究例の第3類は，田本正一[15]による「状況論にもとづく社会的論争問題学習」の主張である。田本は，社会的論争問題は，問題を取り巻く状況に埋め込まれているとする。そのため，学習では，論争問題に直面する市民の立場（例えば，長崎新幹線建設問題に直面した関係自治体の市民の立場）から解決策の提案をするにあたり，その解決策に内在する状況由来の文脈的情報（言葉）を分析し明示化して議論を組み立てることで，より妥当性の高い主張を展開できるとした。

　研究例の第4類には，池野範男[16]による「言説構築学習」と宮本英征[17]による「問いの構築学習」を位置づけることができる。池野・宮本は，語用論に依拠して，言説とは，主体的価値判断にもとづく言葉や概念の使用法であり，社会的実践であると考える。池野が開発した授業は，子どもにとってな

かば常識と考えられている言説（例えば，「武力行使」）を取り上げ，過去の社会においてその言説により形成されている社会の信念，秩序，問題の構造と内在する価値観を分析・認識するとともに，さらに自己の価値観を判断基準に当の言説を意味づけ，言説についての自己の主張をつくり出していくように展開する。一方，宮本の授業は，社会編成や社会秩序に関わる言説（例えば，「自由」）を取り上げ，子ども自身がそうした言説の使用法やその意味を追究する問いを繰り返しつくり直していくことを通して，当該の言説の使用法の持つ多義性・政治性を学ぶとともに，それを基盤に言説の使用法を見方・考え方としながら，よりよい社会の形成を展望した新しい言説を再構築する議論（問いのブラッシュアップ）の過程として展開する。

4．客観主義実証研究の展開

　客観主義実証研究は，2010年前後における，授業研究，特に授業開発研究に対する問題意識を反映して展開してきたと見ることができる。その問題意識は，「理論にもとづき開発された授業は，子どもの発達を踏まえた学習としての適時性と適切性を保証しているのか」，「目指した学習成果と子どもが獲得した学習成果の乖離を見取る手だてをどう打つのか」，「理論の実証・評価という観点から，理論の提案者・実践者と学習・授業評価者とは，分離すべきではないのか」といった問いに具体化される。

　この型の研究例の第1類は，調査的・量的方法による社会的認識・能力の発達特性を仮説として示す調査的研究である。代表的な研究として，福田正弘は，小学生の企業行動の理解に関する発達特性をつかむために，収入と費用の差としての利潤と経営戦略との関係を問う調査問題を作成し，回答の量的分析を行った。その結果，子どもの企業理解は，低学年から高学年に至る過程で，販売・収入中心の一面的な理解から収入と費用の関係を考慮した総合的な理解へと発達する傾向があることを見出した[18]。

　研究例の第2類は，子どもの社会的認識・能力の発達と形成の関係を，調

査的方法と実験的方法を組み合わせて考察し授業仮説を得て，それにもとづく授業モデルを提案する研究である。加藤寿朗の研究が先駆けである。加藤は，小学生の「店」概念の理解について横断的・縦断的調査を行い，子どもの社会認識構造は，並列・事例型，関連型，組み込み型，変革・創造型，総合型の5つに分けられるとした。そして，小学校4・5年生頃が，並列・事例型や関連型から組み込み型や変革・創造型への移行期であるとの発達仮説を示した。こうした子どもの社会認識の発達特性を踏まえ，適時性と適切性を考慮した発達を促す教育的働きかけとなる小学校第3学年の社会科単元を開発した[19]。

　研究例の第3類は，研究者が理論と実践に対して外部観察者としての立ち位置を取り，育成をめざす資質能力を明確にした授業構成論にもとづく実践の事実（実践記録を含む）を確定・分析・評価して，期待する学習成果と獲得された学習成果の離齬を指摘し授業改善の具体的な手だてを示す授業改善方法論研究である。峯明秀は，目標と授業構成論とが明確な授業実践を事例として，授業観・授業構成・授業の具体の各レベルを一体的・包括的に捉えるPDCA サイクルの社会科授業改善方法論を提起した[20]。

5．構成主義実証研究の展開

　構成主義実証研究は，2010年代に入り学会誌上でまとまった研究成果が公開されはじめた。この型の研究は，授業理論の一般性・汎用性・規範（優秀）性を論証する方法を取らない。教育（授業）実践とは，多様な学校現場の状況において教師と子どもの相互作用の中で展開するものであり，その時の授業理論は教育実践に埋め込まれており，個別性と状況・文脈依存性を持つと考えるのであり，そのため，研究者は授業実践に外部観察者（分析者）として介在し，授業研究の方法には，参与観察，事例研究，質的研究等が用いられることになる。

　この型の研究例の第1類は，教師と子どもが実践の中で互いにつまずきな

がら，それを修正していく過程を経て生成していく授業理論を捉え，個別の文脈・状況に即して授業改善の手だてを指摘していく学習・授業の評価・改善研究である。パイロット研究として，岡田了祐は，グラウンデッド・セオリー・アプローチ（GTA）を応用した学習・授業評価モデルを提案した。社会認識形成など教師が教育目標を持ちながら展開する授業の過程における子どもの認知活動や変容の差異に係るデータの収集と分析を通じて，データに根ざした「この教室」における授業理論を抽出して改善の手だてを指摘する質的帰納的な研究方法をとった[21]。

　研究例の第2類は，学習者同士が自分たちの問題を共有し，その解決のための対話を通じて，自分たちなりに社会的有用性のある知識を生成していく授業実践研究である。典型的な研究として，金鍾成は，「より良い日清・日露戦争の教科書づくり」を学習課題に，日・韓の第6学年1クラスの子どもたちに取り組んでもらうことをした。自己・他者の相互理解（国際理解）の促進のために，ディスコースとしての「教科書」を媒介に，日韓の小学生の「真正の対話」を通じて，互いにより良い教科書づくりに向け，ディスコースの解体と再構成を繰り返す中で，「この教室」の子どもたちにとっての意味や価値として「歴史認識をめぐる和解」がつくり出されていく教育実践を実証した。実証の方法には，質的方法としてのGTAが用いられている[22]。

　研究例の第3類は，社会科授業実践の意味や目的が，個別の文脈・状況における子どもと教師の関係性においてつくり出されていく過程を検討し，その条件や学習環境の構成を示唆する研究である。南浦涼介は，ひとつの学校で，ひとりの社会科教師の実践を通じて子どもたちが身に付けた学習観とその形成に関心を寄せる。子どもの学習観の形成に対する教師の社会科教育観，日常的な学習活動と言葉がけ，カリキュラムの構成と運用法，学習環境等の関与・影響を，1年間の参与観察を通じて収集した量的・質的データにもとづいて明らかにする探索的研究を遂行した[23]。

Ⅲ　社会科授業研究方法論からみる本研究の特質と限界

　研究方法論を視点に捉えた社会科授業研究の展開は，1990年代の客観主義開発研究から2000年代以降の構成主義開発研究へ，そして2010年前後の客観主義実証研究から2010年以降の構成主義実証研究へとシフトする傾向が見られた。主要な4類型の研究方法論内でも，先行する理論を補強したり，修正したり，研究上の観点や対象を移動させたりしながら自らのオリジナリティを模索した研究が遂行された。授業研究の方法論は，多様化・複線化の方向に展開してきていると言うことができる。

　こうした解釈を踏まえ，本研究の位置と意義，および限界について明確にしておきたい。本研究は，客観主義実証研究に位置づくひとつの社会科授業研究として遂行する。具体的には，加藤寿朗が小学生および小学校社会科を対象に開拓した「子どもの社会的認識・能力の発達と形成の関係を，調査的方法と実験的方法を組み合わせて考察し授業仮説を得て，それにもとづく授業モデルを提案する研究」を，中学生および中学校社会科を対象として接続・発展させようとする研究である。本研究は，「理論にもとづき開発された授業は，中学生の発達を踏まえた学習としての適時性と適切性を保証しているのか」という問題意識にもとづいて展開されるものであり，研究者が望ましいと考える授業理論の適用・応用による単元の開発・実践に止まる「規範的授業開発研究」から「実験的・実証的授業開発研究」へと論理実証的アプローチを再構築するところに特色と意義がある。

　一方，発達仮説を得るための実験的授業の効果については，どのような教師が，どのような子どもたちと，どのような関係において展開したのか，いわば社会科実践をめぐる状況性や文脈性が影響するものと推察できるが，本研究では，調査・実験にもとづく量的分析と状況・文脈に関する質データの解釈を混合した研究方法を取り得なかった。本研究の研究方法論における限

界性がこの点にある。

Ⅳ　協働的研究体制の構築

　本研究は，社会科教育の研究者（梅津正美・加藤寿朗），発達心理学研究者（前田健一・新見直子）および授業協力校（島根県下の中学校1校，徳島県下の中学校1校）の中学校社会科教諭（授業者2名と授業協力者4名）の10名からなる研究チームを組織して行った。

　本研究の過程では，社会科学力としての社会的思考力・判断力の規定とその育成のための授業類型に関する理論的考察を踏まえ，次のような研究ツールを開発・提案・活用していくことが必要となる。

①中学生の社会的思考力・判断力の発達傾向をつかむための調査問題と評価基準
②実験的授業のための教授書（試案）と教授学習用資料
③実験的授業に対応したプリテスト問題，ポストテスト問題とそれらの評価基準
④実験的授業から得た発達仮説にもとづく授業モデルとしての教授書（試案）と教授学習用資料

　従来の「規範的授業開発研究」は，通常，理論を実践化する方向性のもとで社会科教育研究者と社会科実践者の関係性の中で遂行され，その両者の関係性が，研究者の望ましいと考える「理論的枠組み」を実践者に押しつけてしまいがちになるという意味で権力関係になっているとの批判の声があった[24]。

　これに対して本研究では，上記の研究ツールの開発において，図1-1のようなサイクルによる協働的研究体制を構築した。

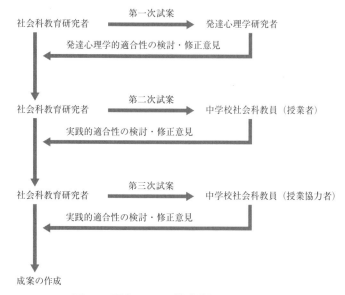

図 1-1　研究ツールの協働的開発のサイクル

　実験的授業の計画・調整（授業協力校との交渉等を含む）や調査問題・プリ
テスト・ポストテストの評価基準にもとづく採点等は，研究チーム全員の協
働・合議により行った。

　本研究は，理論的研究,調査的研究，実験的研究，授業開発研究のすべて
において研究者と実践者，研究者同士（同分野，異分野）が協働的に研究に取
り組める体制を構築して展開するところにも特色があると言えよう。

【注】
1）本研究の主題における「社会的思考力・判断力」という用語は，「社会科授業で
　育成をめざす社会的事象に関する思考力・判断力」という意味で用いる。その
　「社会的思考力・判断力」は，社会的事象に関する「知識」と問いの構成および
　資料活用の技能を基盤とする「思考技能」とが一体化した能力であると捉え，5
　つの構成要素（下位能力）から成るものとした。その詳細は，第2章で論じる。
2）方法的枠組みの構成については，さしあたり，下記の2論文を参照されたい。

・梅津正美「社会科をなぜ「社会科」と呼ぶのか」社会認識教育学会編『新社会科教育学ハンドブック』明治図書，2012年，pp. 332-339。

・梅津正美「歴史教育研究の動向と展望―研究方法論を視点とする2008年度～2017年度の研究成果の検討から―」『社会系教科教育学研究』30号，2018年，pp. 35-42。

3）「客観主義」と「構成主義」という対概念の設定と理解の仕方については，久保田賢一の議論を参照した。久保田は，「パラダイムとは，ある学問領域においてどのような行動を取るべきかを指し示す基本的な，暗黙の信念である」との定義に依拠して，パラダイムの土台となる4つの哲学的疑問をあげている。すなわち，「存在論的疑問」（「知る」ということはどういうことか？「真理」とは何か？），「認識論的疑問」（「知ろうとする主体」と「知る対象」との関係はどのようなものか？），「方法論的疑問」（どのように知識を見つけだすことができるか？），「人間論的疑問」（人間はどのような特徴をもっているか？）の4つである。そして久保田は，「客観主義」と「構成主義」というパラダイムの哲学的前提を軸に，教育研究における「教育理論」「研究方法論」「教育実践」の相互作用の関係がダイナミックにつくり出されると論じた。

久保田賢一『構成主義パラダイムと学習環境デザイン』関西大学出版部，2001年，pp. 40-47。

本稿では，「客観主義」と「構成主義」という対概念について，久保田の「パラダイムの哲学的前提」概念を広義の「認識論」として捉え定義した。

4）森分孝治『社会科授業構成の理論と方法』明治図書，1978年

5）原田智仁「高校歴史単元開発の方法―理論の選択と組織を中心に―」『カリキュラム研究』第6号，1997年，pp. 53-64。

6）児玉康弘「中等歴史教育における解釈批判学習―『イギリス近代史』を事例にして―」『カリキュラム研究』第8号，1999年，pp. 131-144。

7）岩田一彦編『小学校社会科の授業設計』東京書籍，1991年

8）小原友行「意思決定力を育成する歴史授業構成―「人物学習」改善の視点を中心に―」『史学研究』第177号，1987年，pp. 45-67。

9）吉村功太郎「合意形成能力の育成をめざす社会科授業」『社会科研究』第45号，1996年，pp. 41-50。

10）水山光春「合意形成をめざす中学校社会科授業―トゥールミンモデルの「留保条件」を活用して―」『社会科研究』第47号，1997年，pp. 51-60。

11）高橋健司「世界史教育における『人種』概念の再考―構築主義の視点から―」『社

会科教育研究』No. 94，2005年，pp. 14-25。

12) 梅津正美「規範反省能力の育成をめざす社会科歴史授業開発―小単元「形成される『日本国民』：近代都市の規範と大衆社会」の場合―」『社会科研究』第73号，2010年，pp. 1-10。

13) 藤瀬泰司「社会形成の論理に基づく社会科経済学習の授業開発―単元「君は会社でどう働くか～特許権問題から見える会社のあり方～」―」『社会科研究』第61号，2004年，pp. 61-70。

14) 溝口和宏「開かれた価値観形成をめざす歴史教育の論理と方法―価値的知識の成長を図る四象限モデルの検討を通して―」『社会科研究』第77号，2012年，pp. 1-12。

15) 田本正一「状況論的アプローチによる社会科論争問題授業の開発―中学校公民的分野単元「長崎新幹線建設問題」―」『社会科研究』第69号，2008年，pp. 11-20。

16) 池野範男「市民社会科歴史教育の授業構成」『社会科研究』第64号，2006年，pp. 51-60。

17) 宮本英征「生徒が歴史授業に見出すレリバンスの質的検討―問いを構築する「世界史探究」単元「自由について考える」の場合―」二井正浩編『レリバンスの視点からの歴史教育改革論』風間書房，2022年，pp. 31-52。

18) 福田正弘「子どもの企業行動理解の発達」『社会科研究』第50号，1999年，pp. 111-120。

19) 加藤寿朗・和田倫寛「子どもの社会認識発達に基づく小学校社会科授業の開発」『社会系教科教育学研究』第21号，2009年，pp. 1-10。

20) 峯明秀「知識の量的拡大・効率化を図る授業のPDCA―客観的実在としての社会の事実的知識を獲得する社会科―」『社会科研究』第71号，2009年，pp. 51-60。

21) 岡田了祐「社会科学習評価へのGrounded Theory Approachの導入―社会認識形成過程における評価のための視点提示に関する方法と実際―」『社会科教育研究』No. 121，2014年，pp. 91-102。

22) 金鍾成「自己と他者の「真正な対話」に基づく日韓関係史教育―日韓の子どもを主体とした「より良い日清・日露戦争の教科書づくり」を事例に―」『社会科教育研究』No. 130，2017年，pp. 1-12。

23) 南浦涼介・柴田康弘「子どもたちの社会科学習観形成のために教師は何ができるか―ある中学校教師とその卒業生の事例からの探索的研究―」『社会科研究』第79号，2013年，pp. 25-36。

24) 梅津正美「社会科授業研究の有効性を問う―社会科授業研究の教育実践学的方法

論の探求一」『社会系教科教育学研究』第25号，2013年，pp. 91-94。

（梅津正美）

第2章　社会科学力としての社会的思考力・判断力

第2章では，社会科学力の構造を措定した上で，その構造における社会的思考力・判断力の位置づけと構成要素となる能力を明らかにする。具体的には，社会科教育で育成をめざす社会的思考力・判断力は，社会的事象に関する「知識」と問いの構成および資料活用の技能を基盤とする「思考技能」とが一体化した能力であると捉える。そして，社会科授業における「社会的思考力・判断力」と「問い」・「知識」との関わりから社会的思考力・判断力の5つ構成要素（下位能力）とそれらを育成・評価するための3つの授業および調査問題の類型を示す。

I　社会科学力の構造

1．社会科学力規定の基本視角

社会科学力はあくまで「社会科授業の実践を通じて形成される学力」との教科教育学的立場から，学力形成（目標）と授業構成および評価方法とは一体的に説明されねばならない。すなわち，教科における学力規定論は，それがいかなる教育内容と授業方法を通じて子どもに育成されるのか，また学力評価はどのような観点と方法によって為されるのかという，いわゆる授業構成論と評価方法論とを論理的・整合的に導くことができるものでなければならない。そのように考えると，社会科学力は，子どもたちの知識・能力・態度に関する多様な性向のうち，授業構成レベルで規定でき，実践を通じて具体的に根拠付けていくことのできるものを学力内容として規定し，モデル化していく仕方，いわば「到達目標としての学力」を論じる仕方が，教科教育学的な学力の論じ方としては生産的であると考える[1]。

　平成29年改訂中学校学習指導要領では，観点別学習状況の評価は，①「知識・技能」，②「思考・判断・表現」，③「主体的に学習に取り組む態度」の3つの観点から行うようになった。平成20年改訂中学校学習指導要領における学習評価の観点と比較すると，4観点から3観点に整理されている（図2-1を参照）[2]。文部科学省は，平成23年「評価規準の作成，評価方法等の工夫改善のための参考資料」からの変更点を説明する中で，「「主体的に学習に取り組む態度」は，現行の「関心・意欲・態度」の観点の本来の趣旨であった，各教科等の学習内容に関心をもつことのみならず，よりよく学ぼうとする意欲をもって学習に取り組む態度を評価することを改めて強調するものである。」と述べている[3]。

　学習評価の観点を教科教育で育成することを目指す「学力形成（目標）の観点」として捉え直すと，「知識・技能」と「思考力・判断力・表現力」は「到達目標としての学力」の観点であると言える。「主体的に学習に取り組む態度」と「関心・意欲・態度」は，その中身の比較において力点の置き方に変更はみられるものの，いわば「方向目標としての学力」と言うことができ

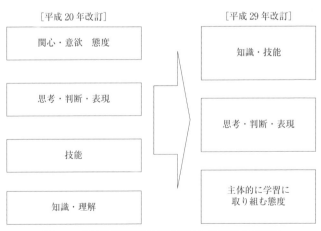

図 2-1　観点別学習状況の評価における観点の変更

よう。

　認知心理学者の市川伸一の学力規定に関する用語を援用すれば，「知識・技能」と「思考力・判断力・表現力」は「学んだ力としての学力」と言える。一方，学習に対する関心・意欲や粘り強さ，学習の進め方への見通しと振り返り，協働して学習する態度等は「学ぶ力としての学力」と言えよう[4]。

　筆者は，「到達目標としての学力」（学んだ力としての学力）を「狭義の社会科学力」とし，それと「方向目標としての学力」（学ぶ力としての学力）とを合わせて「広義の社会科学力」として規定したい。本研究において，「社会科学力としての社会的思考力・判断力の発達と育成」について論じるが，その場合の「社会科学力」は「狭義の社会科学力」に範囲を限定していることを確認したい。

2．社会科学力の構造

　社会科授業過程の基本型は，次のように示すことができる。

> 　具体的な社会的事象に対して，学習問題（問い）が教師により提示，あるいは子どもにより構成され，子どもは，資料・データを活用しながら思考・判断し，学習問題を解決するために知識を産出していく。

　この社会科授業の基本型から演繹できる「狭義の社会科学力」の基本的な要素は，「社会的事象についての知識」，「社会的事象についての思考・判断」，「問いの構成および資料活用技能を基盤とする思考技能」である。社会科学力の構造を授業やテスト問題の実際と結びつくように根拠付けていくためには，「知識」と「思考・判断」，「思考技能」の質とその相互の関わり合いを論理的実証的に説明していかなければならない。

　授業過程で教師や子どもによって表現され外化された社会的事象に関わる知識は，その質の違いに着目して「知識の構造」として捉えることができる[5]。すなわち，社会的事象についての事実認識の内容になる事実的知識は，

大きくは，個々の社会的事象の事実それ自体を解釈や説明をほどこさないで記述した「個別的記述的知識」と，個々の社会的事象の起因や影響を説明するのに用いられる概念的な「一般的説明的知識」に分けることができる。一般的説明的知識は，社会的事象一般を説明する理論的知識や法則的知識あるいは概念である。授業レベルでは一般的説明的知識をそれ自体として子どもに習得させることは困難であるので，通常は個別具体的な社会的事象を教材として取り上げ，事象間の因果・影響を説明させる過程を通して一般的説明的知識を習得させていよう。ここに，個別の社会的事象に限定された因果や影響を説明する知識レベルとして「個別的説明的知識」を抽出できる。社会的事象についての価値認識の内容になる価値的知識は，個々の社会的事象を価値的に評価した「評価的知識」と，個々の社会的事象を価値的に評価した上で行動の規範を示した「規範的知識」に分けることができる。地理的事象を対象として，「知識の構造」の具体例を以下に示そう[6]。

【個別的記述的知識】

・カリフォルニアのインディアンは日干しレンガの家に住んでいた。

・グレートプレーンズのインディアンはティーピー（テント）の家に住んでいた。

【個別的説明的知識】

・カリフォルニアは降水量が少ない。雨が降らなければ，大きな木も望めない。しかし，粘土を乾燥させて日干しレンガを作るのに適している。それが，家の材料に日干しレンガが使われた理由である。

・グレートプレーンズのインディアンは，平原にたくさんいたバッファローを追う生活をしていた。彼らは，生活に不可欠な移動性の高さを基準に，テントを住居とした。

【一般的説明的知識】

・大きな輸送手段を持たず，他との交流の乏しい生産力の低い社会では，

　　住居は手近な材料で作られる。
・住居は気候や生活様式に左右される。
【評価的・規範的知識】
・自然環境と調和したインディアンの生活は望ましい。
・経済発展に遅れ，物質的に乏しいインディアンの生活は望ましくない。

　事例から明らかなように，個別的記述的知識，一般的説明的知識，評価的・規範的知識は，後者が前者を包含する層構造を為している。一般的説明的知識は，その説明の対象（事例）となるできるだけ幅広い事実的記述的知識を含み込んでいなければならないし，評価的・規範的知識は，客観的で多面的な事実的知識を基盤に導びかれねばならない。当然のことながら，事例とした知識の命題は，授業実践レベルでは，そのままの形で子どもに提示されるのではなく，より子どもに適した平易な表現に改めたり，典型的で具体的な教材や子ども自身による調べ活動等を通じて習得されたりするよう指導上の配慮が必要になる。

　「知識の構造」によって子どもに形成される社会認識の内容的側面が明らかになった。次には，認識内容と認識形成の方法との関わり，すなわち知識と問い，思考・判断，思考技能との相互の関連を明らかにしなければならない。一般的には，個別的記述的知識とその構成要素は，「いつ」「どこで」「誰が」「なにを」「どのように」という問いにより導かれるし，個別的説明的知識は，「なぜか」「（その結果）どうなるか」という問いによって導かれよう[7]。また，一般的説明的知識は，「（社会の）本質は何か」「（一般的に社会は）どのようであるか」という問いによって導かれよう。評価的・規範的知識は，評価すべき事象に対して「よいか，わるいか」「いかにすべきか」「どうすればよいか」という問いによって論争的に導かれるべきものある。そして，それぞれの知識レベルの習得には，問いにもとづいて，必要な資料を収集し，選択し，観察し，読み取り，解釈していく思考技能が必要となるのである。

　また，問い，思考技能と知識の関連は，子どもたちが駆使する思考・判断の質を決定していよう。「グレートプレーンズのインディアンはどんな家に住んでいますか。」と個別的記述的知識の構成要素を問われて，「ティーピーと呼ばれるテントの家です。」と答えるとき，子どもが駆使している思考の質は，「単純な事象の想起か，資料の観察・読み取りによる判断」である。このレベルの思考力を「事実判断」と呼ぼう。「グレートプレーンズのインディアンはなぜテントの家に住んでいるのですか。」と問われて，子どもたちが一般的説明的知識を活用しながら気候や生活様式と住居の形態とを因果的に結びつけた個別的説明的知識を導こうとするとき駆使している思考は，事象と事象の関係づけや社会の意味，意義，特質を解釈する思考である。このレベルの思考を「推論」と呼ぼう。そして，この「事実判断」と「推論」とを結びつけ活用できる能力を「社会認識力」と呼ぶことにする。

　「こうしたインディアンの生活を望ましいと考えますか。」と問われれば，子どもたちは，自然環境の保全あるいは物質的豊かさの追求と開発など多様な価値的立場からインディアンの住居形態や生活様式を解釈し，それらを根拠にして評価を下していくことになろう。複数の評価的・規範的知識を，事象についての個別的事実的知識を根拠に評価（価値判断）し選択（意思決定）していく能力を「社会的判断力」と呼ぼう。さらに，社会的事象に関する知識（情報・解釈・議論・言説）に内在する価値や基準，立場および知識の組み立ての論理や提示の方法を吟味し明らかにできる能力を「批判的思考力」と呼ぶことにする。批判的思考力をもとに表出された知識が「メタ知識」（知識を解釈した知識）である。

　（狭義の）社会科学力は，「知識」，「思考・判断」，「思考技能」の機能的な連関として解釈することによって，本質的には社会認識力と社会的判断力および批判的思考力の総体である，と規定できる。社会認識力・社会的判断力・批判的思考力は，社会的事象に関する知識（の構造）と，問いおよび様々な形態の資料から必要なデータを選択できる，データを読み解釈できる，

解釈内容を適切に表現できる，合理的な仮説を立てることができる，といった思考技能とに支えられている。また，子どもの頭の中での社会認識の深化の過程（社会科学力の形成過程）を授業レベルで確定していくためには，子どもが，習得・形成した社会認識を外にむかって表現できなければならないので，表現のために必要なコミュニケーション技能（読む，話す，書く，聞く）を，社会科学力の基礎学力として位置付けておきたい。

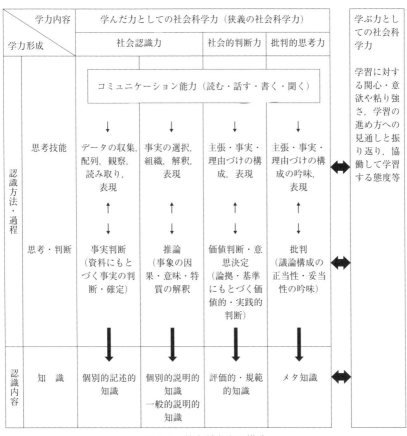

図 2-2　社会科学力の構造

「学んだ力としての社会科学力」（狭義の社会科学力）と「学ぶ力としての社会科学力」とにより（広義の）社会科学力の構造を示すことができる（図2-2を参照）。

3．歴史的知識の構造

　社会科学習内容の論理的構成を捉えるために，「知識の構造」が有用であることを前提にしても，特定の「主題（対象）」「時間（時代）」「空間（場所）」の限定を受ける歴史的事象に関する知識の構造（「歴史的知識の構造」）については，先に地理的事象を事例に論じた「知識の構造」における一般的説明的知識や価値判断の結果としての評価的・規範的知識を扱うか否か，扱うとすればどのような論理で組み込みこむのかについて検討が必要である。

　歴史テスト問題作成の方略モデルの提案をねらいとする研究を遂行した伊東亮三らの研究グループは，歴史的事象に関する知識の固有性に着目して，下記の通り，4層から成る「歴史的知識の構造」を提案した[8]。

　事象の構成要素：歴史的知識を構成する様々な事項に関わる用語。
　事象記述：特定の事象に関する事実そのものを記述した知識。
　事象解釈：特定の事象に関する事実を解釈し，因果，目的結果，意義などを説明した知識。
　時代解釈：個別の事象（事実）の解釈を総合して，広い時間的範囲にある時代の社会の特色・本質を説明した知識。

　事象記述・事象解釈・時代解釈の3層構造は，歴史学の探究方法（歴史学的知識の産出過程）を踏まえた，狭義の「歴史的知識の構造」と見ることができる。例えば，フランス近代史を専門とする歴史家の遅塚忠躬は，歴史学の探究プロセスを，次の5つの「作業工程」として説明している[9]。

①関心を抱いて過去に問いかけ，問題を設定する。

②その問題設定に適した事実を発見するために，雑多な史料群のなかから
　その問題に関係する諸種の史料を選び出す。

③諸種の史料の記述の検討（史料批判・照合・解釈）によって，史料の背後
　にある事実を認識（確認・復元・推測）する。（この工程は考証ないし実証と
　呼ばれる）

④考証によって認識された諸事実を素材として，様々な事実の間の関連
　（因果関係なり相互関連なり）を想定し，諸事実の意味（歴史的意義）を解
　釈する。

⑤その想定と解釈の結果として，最初の問題設定について仮説（命題）を
　提示し，その仮説に基づいて歴史像を構築したり修正したりする。

　歴史学研究は，基本的には「何が（主題にもとづく対象），いつ（時間），ど
こで（空間），いかに起こったか。」という問いのもとで，史料の批判と考証
を通じて帰納的に歴史像を描いていく方法論を採る。問いの設定と史料の考
証を踏まえた作業①②③により産出される知識が事象記述，作業④による知
識が事象解釈，作業⑤による特定の時代における複数の事象解釈を総合した
歴史像に関する知識が時代解釈と対応していよう。

　歴史学研究の成果を踏まえながら教育的配慮を施して編成される検定歴史
教科書の本文も，多くの場合歴史的知識の3層構造を基本に記述されている。
以下に示したのは，中学校歴史的分野の「中世一揆」に関する教科書本文の
記述である。

　本文を構成する各センテンスを知識の命題と捉え，一つ一つに通し番号を
付した。

---

①室町時代になると，武士から庶民までが「自分たちのことは，自分たちで解決す
る」という考え方によって行動するようになりました。②人々は，1人では実現が

困難な目的をなしとげるために，タテのつながり（主従関係）とは別に，共通の利害をもつ者どうしのヨコの結びつきを強めました。③その代表的な結びつきがさまざまな一揆です。④一揆のときには，全員が平等の立場で神仏の前で誓い合い，共に行動しました。

⑤1428（正長元）年には飢きんや天皇・将軍の代替わりが重なったため，近江国（滋賀県）の馬借が中心となり，幕府に徳政令による借金の帳消しを要求して土一揆を起こしました（正長の土一揆）。⑥土倉や酒屋を襲って，土地売買や貸借の証文をやぶりすて，質に入れた品物を奪いました。

【出所：『社会科　中学生の歴史　日本の歩みと世界の動き』帝国書院，2021年，p. 84】

　本文は，いわゆる「自力救済社会」としての日本中世後期の時代の社会の特色（知識①②）により，特に15世紀に起こった一揆の形態，組織（知識③④）と一揆の具体例としての「正長の土一揆」の主体，背景，目的，行動（知識⑤⑥）を説明するように構成されており，演繹的な説明のレトリックをとっていると言える。

　「自力救済社会」として概括される知識①②は，「1428（正長元）年，馬借らが武装して蜂起し，土倉や酒屋を襲って，土地売買や貸借の証文をやぶりすてた（正長の土一揆）。」という結果に関する事象記述と「幕府に徳政令による借金の帳消しを要求した」という目的・原因に関する事象記述とをつなぎ説明するための概念的知識として機能しているが，主題・時間・空間の限定のある時代の特色を解釈した知識（時代解釈）となっている。

　ところで，事象記述・事象解釈・時代解釈の3層が，内容としての歴史解釈の基本的な要素であることを示すことができたとして，検討すべき課題はさらに残る。一つは，歴史的知識の構造における一般的説明的知識の位置づけについてである。純粋に歴史学研究の方法論の応用として歴史授業の内容と方法を構想する（そのような歴史教育観に依拠する）のであれば，歴史的知識の構造に一般的説明的知識が組み込まれることは不適切となる。他方，歴史的事象を通して現代社会を理解するために，社会諸科学が提供する理論を

「なぜ」を主発問に探究したり，民主主義社会の市民に必要な資質・能力の育成のために，歴史的論争問題をもとに現代にも通じる政策・行為を判断・選択したりする，いわゆる「社会科歴史教育」という教育観から歴史授業を構想する立場からすれば，歴史的知識の構造に一般的説明的知識が組み込まれることは教育的に必要不可欠ということになる。筆者の立場はここにある。

　もう一つの課題は，歴史解釈は，ある主体の価値観（歴史観・社会観・教育観など）にもとづく意図や問題意識が介在する主観的な営みであるということ。それ故，歴史解釈の仮説性，複数性が前提であること。また，歴史家が先行研究（従来の歴史解釈）を検討する場合であれ，一般市民が歴史に関心を持ち，ある時代の歴史像について自分なりの解釈を述べる場合であれ，歴史解釈に対する批判・評価には「解釈を解釈する」営為が不可欠であるということである。このように考えると，内容としての歴史的知識の構造は，事象記述・事象解釈・時代解釈・社会の一般理論（一般的説明的知識と同義の知識として言い換える）の4層の上位に価値的知識，その上位にメタ解釈を配置し6層構造として把握することが適当であると考える[10]。あらためてそれぞれの知識の定義を述べ，「日本中世一揆」を対象に事例を示そう。

定義
　①事象記述：特定の事象に関する事実そのものを記述した知識。
　②事象解釈：特定の事象に関する事実を解釈し，因果，目的結果，意義などを説明した知識。
　③時代解釈：個別の事象（事実）の解釈を総合して，広い時間的範囲にある時代の社会の特色・本質を説明した知識。
　④社会の一般理論：個々の社会的事象の起因や影響を説明するのに用いられる理論的知識や概念。
　⑤価値的知識：個々の事象を，解釈内容を踏まえて評価的・規範的に判断した知識。

⑥メタ知識：歴史的事象に関する知識（情報・解釈・議論・言説）に内在する価値や基準，立場および知識の組み立ての論理や提示の方法を吟味し解釈した知識。

事例

【事象記述】

・1428（正長元）年，農民らが武装して蜂起し，土倉や酒屋を襲った。

・一揆を起こした農民らは，幕府に徳政令による借金の帳消しを要求した。

【事象解釈】

・農民らは，幕府に徳政を要求するために，一味神水により一揆を結んだ。

【時代解釈】

・中世後期（特に15世紀以降）には，武士から庶民までが自力救済という考え方によって，共通の利害をもつ者同士がヨコの結びつきを強め行動していた。

【社会の一般理論】

・生産力と生産関係の発展を基盤に，社会の発展は引き起こされる（史的唯物論）。

・日常的な人と人のさまざまな結びつきにより，社会の秩序や制度が編成される（社会的結合論）。

【価値的知識】

・一揆を起こした農民らの行動は，許される。

・一揆を起こした農民らの行動は，許されない。

【メタ知識】

・近年，中世一揆は，社会的結合論を踏まえて解釈されてきている。

Ⅱ　社会科学力としての社会的思考力・判断力と授業の類型

1．社会的思考力・判断力の規定

　先に考察した社会科学力の構造を踏まえ，社会科で育成をめざす社会的思考力・判断力は，社会的事象に関する「知識」と，問いの構成および資料活用の技能を基盤とする「思考技能」とが一体化した能力であると捉える。こうした理解により「中学生の社会認識の発達」を，教科指導を通した「中学生の社会的思考力・判断力の発達・育成」に変換して考察できると考えた。

　授業において教師と子どもの間でやりとりされる社会的事象に関わる知識は，「歴史的知識の構造」を援用して，事象記述・事象解釈・時代解釈・社会の一般理論・価値的知識・メタ知識の 6 層からなるものと捉えた。

　これらの知識は，授業では，子どもたちに，学習問題（問い）に対する資料活用を踏まえた思考・判断の結果として習得されよう。こうした考え方にもとづいて，社会科授業における「社会的思考力・判断力」は，問いおよび知識との相互の関わりにおいて表 2-1 のように整理して示すことができる。

2．社会科授業の類型

　社会的思考力・判断力と知識，思考技能とを分析的に，相互関連的に捉えることにより，社会的思考力・判断力の質・内容を視点にした次の 3 つの社会科授業の類型を設定することができる。

a．社会認識力育成型

　社会的事象に関する事実を資（史）料にもとづいて確定（事実判断）し，それらの事実間の関係や事象の意味，意義，特色を，帰納的に，あるいは演繹的に推論することを通して解釈し説明できる能力を育成する授業

表2-1　授業における「社会的思考力・判断力」と「問い」・「知識」の関わり

問　い	社会的思考力・判断力とその内容		知　識
いつ，どこで，誰が，なにを，どのように	事実判断力	資（史）料をもとに，事実を確定し記述できる。	事象記述
なぜか，（その結果）どうなるか，（時代の社会の）特質はなにか，（一般に社会は）どのようであるか	帰納的推論能力	事象に関わる事実をもとに事象の原因，結果，意味や時代の社会の意義・特質などを解釈し説明できる。	事象解釈 時代解釈 社会の一般理論
	演繹的推論能力	時代の解釈や一般理論により，個別の事象の関係や意味，意義などを解釈し説明できる。	
〜よいか（悪いか），望ましいか（望ましくないか） いかに〜すべきか，なにを選択すべきか。	社会的判断力	（価値判断）事象を評価的に判断できる。	価値的知識 （評価的知識）
		（意思決定）論争問題や論争場面において望ましい行為や政策を根拠にもとづいて選択できる。	価値的知識 （規範的知識）
その知識の背後にはどのような価値観や立場性があるか。 その知識は，どのような組み立てになっているか，どのような提示の方法をとっているか。	批判的思考力	・知識（情報・解釈・議論・言説）に内在する価値・基準・立場を吟味できる。 ・知識（情報・解釈・議論・言説）の組み立ての論理や提示の方法を吟味できる。	メタ知識

ｂ．社会的判断力育成型

　社会的（歴史的）論争問題に対応する複数の政策・行為の選択肢を，事実を根拠に評価（価値判断）し選択（意思決定）していく能力を育成する授業

ｃ．批判的思考力育成型

　文字・図像・映像・音声などにより示される，社会的事象に関する知識（情報・解釈・議論・言説）の背後にある価値や基準，立場，あるいは知識の

構成方法を，時代の社会の特質と関わらせて読み解き吟味していく能力を育成する授業

　これら社会科授業の3類型は，知識（内容）と思考技能（方法）が一体となった社会科に固有の社会的思考力・判断力を育成することをめざす授業の基本型であるとともに，後に示す社会的思考力・判断力を測る調査問題の基本類型となる。

【注】

1）筆者のこうした学力規定の基本的視角は，次の文献で展開されている学力規定の方法論を参照した。

　　・森分孝治「アメリカ社会科の学力観」朝倉隆太郎，平田嘉三，梶哲夫編『社会科教育学研究5　社会科学力の本質と構造』明治図書，1981年，pp.144-155。

2）国立教育政策研究所教育課程研究センター編『「指導と評価の一体化」のための学習評価に関する参考資料』東洋館出版社，2020年，p.6。

3）同上書，p.23。

4）市川伸一は，あくまで「学力の定義づけの問題」とことわりを入れた上で，下記のような学力の捉え方を示している。

	測りやすい力	測りにくい力
学んだ力	知識 （狭義の）技能	読解力，論述力 討論力，批判的思考力 問題解決力，追究力
学ぶ力		学習意欲，知的好奇心 学習計画力，学習方法 集中力，持続力 （教わる，教え合う，学び合うときの） コミュニケーション力

　　・市川伸一『学ぶ意欲とスキルを育てる―いま求められる学力向上策―』小学館，2004年，p.19。

5）授業レベルでの社会認識内容の捉え方と「知識の構造」については，次の文献を参照した。

　　・森分孝治「市民的資質育成における社会科教育－合理的意思決定－」『社会系
　　教科教育学研究』第13号，2001年，pp. 43-50。

6）認知心理学者の西林克彦が，以下の著書の中で，子どもの認知構造を捉え説明す
　るのに用いた知識事例を，社会的事象に関する「知識の構造」を例示するために
　筆者が加筆・修正した。

　　・西林克彦『間違いだらけの学習論－なぜ勉強が身につかないか－』新曜社，
　　1994年，pp. 76-88。

7）森分孝治は，社会科教育においてその育成が求められる思考を導く基本的な問い
　として，「なぜ」「どうなるか」「なにか」の3つを指摘している。

　　・森分孝治「社会科における思考力育成の基本原則－形式主義・活動主義的偏向
　　の克服のために－」『社会科研究』第47号，1997年，p. 4。

8）伊東亮三・池野範男「社会科テストの教授学的研究（1）－テスト問題作成の基
　本モデル－」『日本教科教育学会誌』第11巻，第3号，1986年，pp. 111-112。なお，
　本研究は，伊東，池野とともに，吉川幸男，木村博一，棚橋健治と共同で行われ，
　「社会科テストの教授学的研究（Ⅱ）」（第12巻，第1号，1987年），「同（Ⅲ）」（第
　12巻，第2号，1987年）が発表されている。

9）遅塚忠躬『史学概論』東京大学出版会，2010年，p. 116。

10）上記8）の論文発表後，棚橋健治はあらためて「歴史的知識の構造」を規定して
　いる。それは，「事象の構成要素」「事象記述」「事象解釈」「時代解釈」「社会の
　一般法則」「価値的知識」の6層からなる。棚橋の「歴史的知識の構造」論は，
　メタ知識の位置づけにおいて筆者の「歴史的知識の構造」論と相違があるが，歴
　史的事象を通した現代社会理解のために，歴史授業においても社会の一般法則を
　介した科学的説明を方法原理とすべきとの「社会科歴史教育」の教育観を基盤と
　している点では共通していると言える。

　　・棚橋健治「授業理論と授業構成－歴史学習の進め方－」伊東亮三編『社会科教
　　育学』福村出版，1990年，pp. 123-125。

（梅津正美）

第2部　子どもの社会的思考力・判断力の発達
──横断的・縦断的な調査を通して──

第3章　社会的思考力・判断力の横断的発達調査

第3章では，異なる年齢集団を対象にして同時期に調査データを収集し，発達差や発達的変化を探究する横断的発達研究法を使用して，次の3点を検討し，その結果を報告する。①中学1年生，2年生，3年生を対象に歴史的分野のテスト問題を実施し，中学生の社会的思考力・判断力（社会認識力，社会的判断力，批判的思考力）の発達傾向を検討し，「青年期の社会認識発達の質的な転換」に関する仮説を実証的に検証すること。②社会的思考力・判断力を構成する諸能力間の関連性を明らかにすること。③歴史的分野のテスト問題と公民的分野のテスト問題の両方を実施し，社会的思考力・判断力の発達傾向が分野間で異なるか否かを比較検討すること。

I　社会的思考力・判断力の横断的な発達調査

1．調査の目的

　子どもの社会認識の発達を解明し，それに即した授業を企画実践することは，科学的な社会認識の育成を目指す社会科教育の基礎的かつ重要な研究課題であると考えられる。そもそも，子どもたちは社会をどのように認識しているのだろうか，あるいは認識していくのだろうか。これまで行われた発達的調査[1]では，児童期の社会認識の発達過程を検討し，量的増加と共にいくつかの質的に異なる発達段階に区切られ，連続性と不連続性を有するダイナミックな発達的変容が存在することを明らかにしている。また，この一連の研究の中で，青年期においても社会認識の質的な転換期と想定される時期が示唆された。しかし，これらの発達的調査は，児童期の社会認識の発達に焦

点をあてたものであり，発達的転換の時期も仮説的なものであった。

　そこで，第3章では「青年期の社会認識発達の質的な転換」に関する仮説について横断的発達研究法を用いて実証的に検討する。まず中学1年生，2年生，3年生を対象に社会的思考力・判断力[2]に関する横断的な発達調査を行い，青年期における社会認識の発達に関する実証的データを収集する。そして，実証的データにもとづいて，中学生の社会的思考力・判断力（社会認識力，社会的判断力，批判的思考力）の発達傾向および社会的思考力・判断力を構成する諸能力間の関連性を明らかにする。あわせて，歴史的分野のテスト問題と公民的分野のテスト問題の両方を実施し，社会的思考力・判断力の発達傾向が分野間で異なるか否かについても比較検討する。

2．調査の方法

（1）調査対象者と調査実施時期

　調査対象者は，島根県下の2つの中学校の1年生292名，2年生284名，3年生316名であった。調査実施時期は，2つの中学校とも2009年12月から2010年1月であった。調査を実施するにあたっては，事前に調査内容について説明し，調査協力校の校長から承諾を得た。なお，以下の分析結果では調査問題によって回答者数が異なるため，対象者数が少しずつ異なる場合がある。

（2）調査の内容と分析する分野問題

　中学校の3学年とも共通の調査問題を使用した。調査問題は，歴史的分野問題と公民的分野問題に大別され，それぞれ40分で回答させた。いずれの分野問題も，選択肢で回答する小問題や自由記述形式で回答する小問題から構成されていた。このうち，第3章の結果報告の前半では歴史的分野に限定して2校分のデータ分析の結果を記載する。そして，後半では1校分のデータ（1年生126名，2年生132名，3年生148名）にもとづいて歴史的分野と公民的分

野の社会的思考力・判断力の発達傾向の比較結果を記載する。

（3）分野問題の構成と分析の観点

　巻末の資料2は，歴史的分野問題の調査用紙で使用された小問題別に，問題内容，分析の観点，評価基準等をまとめたものである。同様に，資料4は，公民的分野の調査用紙の問題内容，分析の観点，評価基準等をまとめたものである。なお，実際に使用した調査問題については資料1および資料3を参照されたい。

3．調査データの分析手順

　調査データを以下の手順で分析した。なお，結果報告の前半では中学校2校分の歴史的分野問題のデータを一括して使用した[3]。そして，結果報告の後半では中学校1校分の歴史的分野問題と公民的分野問題のデータを使用した。

（1）調査データの得点化

　資料2および資料4に示す「分析の観点」にもとづいて分野別に生徒の回答を得点化した。まず，問題1（社会認識力育成型「事実判断」問題，以下は事実判断問題）では，資料2と資料4に示す6つの評価基準に該当する事柄を指摘した数（指摘数）を回答者の得点とした（得点範囲：0点から6点）。問題2-1（社会的判断力育成型「価値判断」問題，以下は価値判断問題）では，3つの選択肢のどれを選択したかにもとづいて回答者を分類した。問題2-2（社会的判断力育成型「意思決定」問題，以下は意思決定問題），問題3-1（社会認識力育成型「帰納的推論」問題，以下は帰納的推論問題），問題3-2（社会認識力育成型「演繹的推論」問題，以下は演繹的推論問題）および問題4（批判的思考力育成型問題，以下は批判的思考問題）の4つの問題では，資料2と資料4に示す評価基準にもとづいて，最もレベルの低いレベル0，中程度のレベル1，最もレベ

ルの高いレベル2のいずれかに回答者を分類した。

（2）社会的思考力・判断力の発達傾向の分析

　歴史的分野と公民的分野の社会的思考力・判断力の発達傾向を分析するに
あたっては，学年進行に伴って各問題の解決に使用する社会的思考力・判断
力のレベルも上昇するか否かを検討した。問題1では分散分析を使用して，
指摘数が学年進行に伴って増加するか否かを検討した。問題2-1ではχ^2検定
を使用して，選択肢の選択傾向に学年差が見られるか否かを検討した。問題
2-2，問題3-1，問題3-2，問題4ではχ^2検定を使用して，学年進行に伴って
レベル2に分類される人数が増加し，レベル0やレベル1に分類される人数
が減少するか否かを検討した。

（3）社会的思考力・判断力の関連性の分析

　歴史的分野の社会的思考力・判断力を構成する諸能力の関連性の検討にあ
たっては，以下の関連性を仮定して検討を進めた。まず，諸能力の中で社会
認識力（事実判断力）が生徒にとって最も基盤となる思考力・判断力である
と仮定する。そして，残り4つの社会的思考力・判断力の活用では帰納的推
論能力が生徒にとって最も容易であり，次いで演繹的推論能力，さらにその
次に社会的判断力と続き，批判的思考力が最も難しいと仮定する。この仮定
にもとづいてそれぞれの能力が仮定した関連性にあるか否かを検討した。

　分析では，まず基盤的な能力と仮定する事実判断力と他の能力（帰納的推
論能力，演繹的推論能力，社会的判断力，批判的思考）との関連性を検討した。
具体的には，事実判断問題の指摘数が他の4つの能力問題のレベルと関連す
るか否かについて分散分析を使用して検討した。次に，生徒にとっては事実
判断力の次に容易であると仮定した帰納的推論能力と他の能力との関連性を
検討した。具体的には，帰納的推論問題でレベル2に分類された者が演繹的
推論問題，社会的判断問題，批判的思考問題ではどのレベルの評価を得てい

るかについてχ^2検定を使用して検討した。さらに最も高次な能力と仮定する批判的思考力と他の能力との関連性を検討した。具体的には，批判的思考問題でレベル2に分類された者は帰納的推論問題，演繹的推論問題，社会的判断問題でも高いレベルの評価を得ているか否かについてχ^2検定を使用して検討した。最後に，帰納的推論能力，演繹的推論能力，社会的判断力，批判的思考力の4つの能力間の相互関連性について検討した。具体的には，帰納的推論問題，演繹的推論問題，社会的判断問題，批判的思考問題のそれぞれにおいてレベル0～レベル2に分類された者が，他の3つの問題ではどのレベルの評価を得ているかについてχ^2検定を使用して検討した。

Ⅱ　調査データの分析結果

1．歴史的分野の社会的思考力・判断力の発達傾向

（1）歴史的分野の社会認識力育成型問題の結果

1）事実判断問題（問題1）の結果

　事実判断問題の指摘数にもとづいて学年（1年生，2年生，3年生）を要因とする分散分析を行った（図3-1）。その結果，学年差が有意となり（$F_{(2, 885)} = 3.71, p < .05$），3年生の指摘数（平均値 = 2.59）は2年生（平均値 = 2.35）

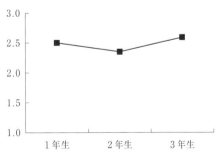

図3-1　事実判断問題（問題1）の平均指摘数

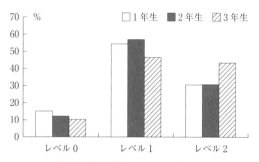

図 3-2　帰納的推論問題（問題 3-1）の回答者率

よりも有意に多かったが，1 年生の指摘数（平均値＝2.50）は 2 年生や 3 年
生の指摘数との間に有意差はなかった。

2）帰納的推論問題（問題 3-1）の結果

　帰納的推論問題の回答者率にもとづいて，3（レベル：0，1，2）×3（学
年：1 年生，2 年生，3 年生）の χ^2 検定を使用して，帰納的推論問題の各レベ
ルに分類される各学年の人数割合の偏りについて検討した（図 3-2）。その結
果，統計的に有意な偏りが見られた（$\chi^2(4)=15.29, p<.01$）。レベル別にみる
と，レベル 0 では学年差は見られなかった。それに対して，レベル 1 では 3
年生（46.5%）で有意に少なかった。また，レベル 2 では 3 年生（43.3%）で
有意に多く，1 年生（30.5%）で有意に少なかった。

3）演繹的推論問題（問題 3-2）の結果

　演繹的推論問題の回答者率にもとづいて，3（レベル：0，1，2）×3（学
年：1 年生，2 年生，3 年生）の χ^2 検定を使用して，演繹的推論問題の各レベ
ルに分類される各学年の人数割合の偏りについて検討した（図 3-3）。その結
果，統計的に有意な偏りが見られた（$\chi^2(4)=85.38, p<.001$）。レベル別にみ
ると，レベル 0 では 1 年生（67.3%）と 2 年生（66.3%）で有意に多く，3 年
生（34.5%）では有意に少なかった。レベル 1 では 3 年生（39.1%）で有意に

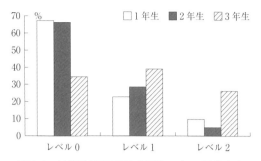

図 3-3　演繹的推論問題（問題 3-2）の回答者率

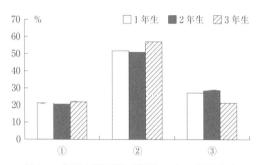

図 3-4　価値判断問題（問題 2-1）の回答者率

多く，1年生（22.9%）で有意に少なかった。また，レベル2では3年生（26.3%）で有意に多く，1年生（9.9%）と2年生（5.0%）では有意に少なかった。

（2）歴史的分野の社会的判断力育成型問題の結果

1）価値判断問題（問題 2-1）の結果

　価値判断問題の回答者率にもとづいて，3（選択肢：①，②，③）×3（学年：1年生，2年生，3年生）のχ^2検定を使用して，価値判断問題の選択肢の選択傾向に人数の偏りが見られるか否かを検討した。しかし，いずれの選択肢においても有意な学年差は認められなかった（図3-4）。

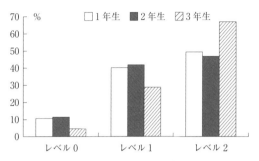

図3-5　意思決定問題（問題2-2）の回答者率

2）意思決定問題（問題2-2）の結果

　意思決定問題の回答者率にもとづいて，3（レベル：0，1，2）×3（学年：1年生，2年生，3年生）のχ²検定を使用して，意思決定問題の各レベルに分類される各学年の人数割合の偏りについて検討した（図3-5）。その結果，統計的に有意な偏りが見られた（$\chi^2(4)=31.75, p<.001$）。レベル別にみると，レベル0では2年生（11.4%）で有意に多く，3年生（4.5%）で有意に少なかった。また，レベル1では2年生（41.8%）で有意に多く，3年生（28.7%）で有意に少なかった。レベル2では3年生（66.9%）で有意に多く，1年生（49.3%）と2年生（46.8%）では有意に少なかった。

（3）歴史的分野の批判的思考力育成型問題（問題4）の結果

　批判的思考問題の回答者率にもとづいて，3（レベル：0，1，2）×3（学年：1年生，2年生，3年生）のχ²検定を使用して，批判的思考問題の各レベルに分類される各学年の人数割合の偏りについて検討した（図3-6）。その結果，統計的に有意な偏りが見られた（$\chi^2(4)=51.03, p<.001$）。レベル別にみると，レベル0では1年生（36.2%）で有意に多く，3年生（15.0%）で有意に少なかった。また，レベル1では2年生（27.0%）で有意に多く，3年生（15.4%）で有意に少なかった。レベル2では3年生（69.6%）で有意に多く，1年生（46.2%）と2年生（49.4%）では有意に少なかった。

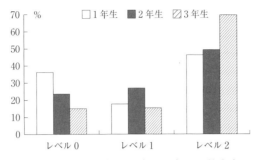

図 3-6　批判的思考問題（問題 4）の回答者率

2. 歴史的分野の社会的思考力・判断力の関連性

（1）歴史的分野の事実判断問題と他の 4 つの問題との関連性の結果

　事実判断問題の指摘数が他の 4 つの問題（帰納的推論問題，演繹的推論問題，意思決定問題，批判的思考問題）の各レベルとどのように関連するかについて分散分析を使用して検討した。4 つの問題の各レベル間で事実判断問題の指摘数を比較した結果，帰納的推論問題と意思決定問題のレベル間に統計的な有意差が見られた（表3-1）。表 3-1 に示すとおり，帰納的推論問題ではレベル 2 の者はレベル 1 の者よりも，さらにレベル 1 の者はレベル 0 の者よりも，事実判断問題の指摘数が有意に多かった。また，意思決定問題でもレベル 2 の者はレベル 1 の者やレベル 0 の者よりも，事実判断問題の指摘数が有意に多かった。これらの結果は，帰納的推論能力や意思決定力が高い者ほど，事実判断力も高い関係にあることを示している。

（2）歴史的分野の帰納的推論問題と他の 3 つの問題との関連性の結果

　帰納的推論問題でレベル 2 の者は，他の 3 つの演繹的推論問題，意思決定問題，批判的思考問題ではどのレベルで評価されているかについて χ^2 検定を使用して検討した（表3-2）。その結果，演繹的推論問題，意思決定問題，批判的思考問題のすべてにおいて統計的に有意な偏りが見られた。表 3-2 に示

表 3-1　帰納的推論問題，演繹的推論問題，意思決定問題，批判的思考問題の
　　　　レベル別にみた事実判断問題における平均指摘数の比較

	レベル 0	レベル 1	レベル 2	分散分析結果
帰納的推論問題	2.06	2.41	2.78	$F(2, 861) = 21.78, p < .001$
人数	108	453	303	レベル 2 ＞レベル 1 ＞レベル 0
演繹的推論問題	2.47	2.68	2.56	レベル間差なし
人数	380	219	106	
意思決定問題	2.09	2.29	2.69	$F(2, 870) = 19.11, p < .001$
人数	76	320	477	レベル 2 ＞レベル1，レベル 0
批判の思考問題	2.42	2.42	2.59	レベル間差なし
人数	193	153	439	

表 3-2　帰納的推論問題でレベル 2 に分類された者の他問題でのレベル

	レベル	人数	比率	有意性	χ^2検定
演繹的推論問題	0	101	40.1	（＋）	$\chi^2(2) = 20.64$
	1	101	40.1	（＋）	$p < .001$
	2	50	19.8	（－）	
意思決定問題	0	11	3.6	（－）	$\chi^2(2) = 233.30$
	1	71	23.4	（－）	$p < .001$
	2	222	73.0	（＋）	
批判的思考問題	0	46	16.0	（－）	$\chi^2(2) = 156.25$
	1	46	16.0	（－）	$p < .001$
	2	196	68.1	（＋）	

（－）は，統計的に有意に人数が少ないことを意味する。（＋）は，統計的に有意に人数が多いことを意味する。以下の表 3-3，表 3-4 も同様に表記する。

すとおり，演繹的推論問題ではレベル 0 とレベル 1 に分類される者が有意に多く，レベル 2 に分類される者は有意に少なかった。それに対して，意思決定問題ではレベル 2 に分類される者が有意に多く，レベル 0 とレベル 1 に分類される者は有意に少なかった。同様に，批判的思考問題でもレベル 2 に分

類される者が有意に多く，レベル 0 とレベル 1 に分類される者は有意に少なかった。これらの結果は，帰納的推論能力が高い者ほど社会的判断力（意思決定力）や批判的思考力も高い関係にあることを示している。

（3）歴史的分野の批判的思考問題と他の 3 つの問題との関連性の結果

　批判的思考問題でレベル 2 の者は，他の 3 つの帰納的推論問題，演繹的推論問題，意思決定問題ではどのレベルで評価されているかについて χ^2 検定を使用して検討した（表3-3）。その結果，帰納的推論問題，演繹的推論問題，意思決定問題のすべてにおいて統計的に有意な偏りが見られた。表3-3 に示すとおり，帰納的推論問題ではレベル 1 とレベル 2 に分類される者が有意に多く，レベル 0 に分類される者は有意に少なかった。それに対して，演繹的推論問題ではレベル 0 とレベル 1 に分類される者が有意に多く，レベル 2 に分類される者は有意に少なかった。意思決定問題ではレベル 2 に分類される者が有意に多く，レベル 0 とレベル 1 に分類される者は有意に少なかった。これらの結果は，批判的思考力が高い者ほど帰納的推論能力や社会的判断力（意思決定力）も高い関係にあることを示している。

表 3-3　批判的思考問題でレベル 2 に分類された者の他問題でのレベル

	レベル	人数	比率	有意性	χ^2検定
帰納的推論問題	0	22	5.0	（−）	$\chi^2(2)=159.95$
	1	220	50.2	（＋）	$p<.001$
	2	196	44.7	（＋）	
演繹的推論問題	0	162	41.8	（＋）	$\chi^2(2)=33.55$
	1	150	38.7	（＋）	$p<.001$
	2	76	19.6	（−）	
意思決定問題	0	25	5.7	（−）	$\chi^2(2)=227.79$
	1	132	30.1	（−）	$p<.001$
	2	282	64.2	（＋）	

（4）歴史的分野の4つの問題の相互関連性の結果

最後に，4つの帰納的推論問題，演繹的推論問題，意思決定問題，批判的思考問題のうち，特定の問題でレベル0からレベル2に分類された者が他の問題ではどのレベルで評価されているかの相互関連性についてχ^2検定を使用して検討した（表3-4）。その結果，4つの問題のすべてにおいて統計的に有意な相互関連性が見られた。まず表3-4から帰納的推論問題と演繹的推論問題の関連性に着目すると，帰納的推論問題でレベル2の者は演繹的推論問題でもレベル2かレベル1の者が有意に多く，逆に帰納的推論問題でレベル0の者は演繹的推論問題でもレベル0の者が有意に多い関係にあった。次に，帰納的推論問題と意思決定問題の関連性をみると，帰納的推論問題でレベル2の者は意思決定問題でもレベル2の者が有意に多く，帰納的推論問題でレベル1の者は意思決定問題でもレベル1の者が有意に多く，帰納的推論問題でレベル0の者は意思決定問題でもレベル0かレベル1の者が有意に多い関係にあった。さらに，帰納的推論問題と批判的思考問題の関連性をみると，帰納的推論問題でレベル2の者は批判的思考問題でもレベル2の者が有意に多く，逆に帰納的推論問題でレベル0の者は批判的思考問題でもレベル0かレベル1の者が有意に多い関係にあった。

また，演繹的推論問題と意思決定問題との関連性をみると，演繹的推論問題でレベル1とレベル2の者は意思決定問題でレベル2の者が有意に多く，逆に演繹的推論問題でレベル0の者は意思決定問題でもレベル0かレベル1の者が有意に多い関係にあった。次に，演繹的推論問題と批判的思考問題の関連性をみると，演繹的推論問題でレベル1とレベル2の者は批判的思考問題でもレベル2の者が有意に多く，逆に演繹的推論問題でレベル0の者は批判的思考問題でもレベル0かレベル1の者が有意に多い関係にあった。

最後に，意思決定問題と批判的思考問題の関連性をみると，意思決定問題でレベル2の者は批判的思考問題でもレベル2の者が有意に多く，逆に意思決定問題でレベル1やレベル0の者は批判的思考問題でもレベル0の者が有

表 3-4　帰納的推論問題，演繹的推論問題，意思決定問題，批判的思考問題における各問題間のレベル比較

		演繹的推論問題			意思決定問題			批判的思考問題		
		レベル0	レベル1	レベル2	レベル0	レベル1	レベル2	レベル0	レベル1	レベル2
帰納的推論問題	レベル0	(+) 66 (81.5%)	(-) 11 (13.6%) n.s.	(-) 4 (4.9%) n.s.	(+) 23 (22.5%)	(+) 52 (51.0%)	(-) 27 (26.5%)	(+) 40 (46.5%)	(+) 24 (27.9%)	(-) 22 (25.6%)
	レベル1	(+) 214 (57.5%)	(+) 107 (28.8%)	51 (13.7%)	36 (8.0%) n.s.	(+) 187 (41.6%)	(-) 227 (50.4%)	107 (26.0%) n.s.	84 (20.4%) n.s.	(+) 220 (53.5%)
	レベル2	(-) 101 (40.1%)	(+) 101 (40.1%)	(+) 50 (19.8%)	(-) 11 (3.6%)	(-) 71 (23.4%)	(+) 222 (73.0%)	(-) 46 (16.0%)	(-) 46 (16.0%)	(+) 196 (68.1%)
	χ²検定	$\chi^2(4)=46.29, p<.001$			$\chi^2(4)=91.39, p<.001$			$\chi^2(4)=53.17, p<.001$		
演繹的推論問題	レベル0				(+) 44 (11.6%)	(+) 164 (43.4%)	(-) 170 (45.0%)	(-) 120 (33.3%)	(+) 78 (21.7%)	(-) 162 (45.0%)
	レベル1				(-) 5 (2.3%)	(-) 55 (25.1%)	(+) 159 (72.6%)	(-) 29 (13.7%)	32 (15.2%) n.s.	(+) 150 (71.1%)
	レベル2				3 (2.8%) n.s.	(-) 26 (24.5%)	(+) 77 (72.6%)	(-) 11 (10.8%)	15 (14.7%) n.s.	(+) 76 (74.5%)
	χ²検定				$\chi^2(4)=60.15, p<.001$			$\chi^2(4)=55.63, p<.001$		
意思決定問題	レベル0							(+) 21 (35.6%)	13 (22.0%) n.s.	(-) 25 (42.4%)
	レベル1							(+) 91 (32.5%)	57 (20.4%) n.s.	(-) 132 (47.1%)
	レベル2							(-) 78 (17.6%)	83 (18.7%) n.s.	(+) 282 (63.7%)
	χ²検定							$\chi^2(4)=29.93, p<.001$		

意に多い関係にあった。

　以上の結果から，帰納的推論能力，演繹的推論能力，社会的判断力（意思決定力），批判的思考力の4つの能力は相互に関連していることが示された。

3．社会的思考力・判断力の発達傾向の分野間比較

　中学校1校分のデータを使用して，歴史的分野と公民的分野における中学生の社会的思考力・判断力の発達傾向を比較検討する。

（1）社会認識力育成型問題の分野間比較

1）事実判断問題（問題1）の分野間比較の結果

　指摘数について2（分野：歴史，公民）×3（学年：1年生，2年生，3年生）の分散分析を行った（図3-7）。その結果，学年間に有意差が見られ（$F_{(2, 402)} = 34.83, p < .001$），3年生の指摘数（平均値＝2.78）が最も多く，次いで1年生（平均値＝2.47）となり，2年生（平均値＝2.00）が最も少なかった。分野と学年の組み合わせによる違い（交互作用）を検討した結果（$F_{(2, 402)} = 4.54, p < .05$），歴史的分野問題では，3年生（平均値＝2.76）と1年生（平均値＝2.62）が2年生（平均値＝1.93）よりも有意に多く指摘していた。公民的分野問題では，3年生（平均値＝2.80）が1年生（平均値＝2.33）や2年生（平均値＝2.08）よりも有意に多く指摘していた。また，1年生では歴史的分野

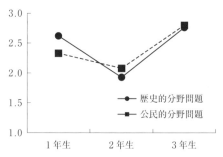

図3-7　事実判断問題（問題1）の分野別平均指摘数

問題の指摘数が公民的分野問題の指摘数よりも有意に多かったが，2 年生と 3 年生では分野間に有意差は見られなかった。

2）帰納的推論問題（問題 3-1）の分野間比較の結果

分野別に 3（レベル：0，1，2）× 3（学年：1 年生，2 年生，3 年生）の χ^2 検定を使用して，問題 3-1 の回答における帰納的推論の各レベルに分類される各学年の人数割合の偏りについて検討した（図 3-8）。その結果，歴史的分野問題では（$\chi^2(4) = 17.31, p < .01$），レベル 1 に分類された人数割合は，1 年生（56.3%）で有意に多く，3 年生（35.2%）で有意に少なかった。逆に，レベル 2 では，1 年生（40.5%）で有意に少なく，3 年生（60.7%）で有意に多かった。他方，公民的分野問題では（$\chi^2(4) = 18.83, p < .01$），レベル 1 の人数割合は，2 年生（34.4%）で有意に多く，3 年生（16.2%）で有意に少なかった。逆にレベル 2 では，2 年生（54.4%）で有意に少なく，3 年生（76.4%）で有意に多かった。

次に，学年別に 3（レベル：0，1，2）× 2（分野：歴史，公民）の χ^2 検定を使用して，問題 3-1 の帰納的推論のレベルが分野間で異なるか否かを検討した（図 3-8）。その結果，1 年生（$\chi^2(2) = 29.00, p < .001$），2 年生（$\chi^2(2) = 7.32, p < .05$），3 年生（$\chi^2(2) = 14.27, p < .01$）のすべての学年で統計的に有意な偏りが認められた。残差分析の結果をまとめると，レベル 1 の人数割合は，歴史的分野問題（1 年生：56.3%，2 年生：51.2%，3 年生：35.2%）で有意に多く，公民的分野問題（1 年生：25.4%，2 年生：34.4%，3 年生：16.2%）で有意に少なかった。逆にレベル 2 では，歴史的分野問題（1 年生：40.5%，2 年生：41.1%，3 年生：60.7%）で有意に少なく，公民的分野問題（1 年生：59.0%，2 年生：54.4%，3 年生：76.4%）で有意に多かった。また，1 年生ではレベル 0 でも分野間の偏りが見られ，歴史的分野問題（3.2%）で有意に少なく，公民的分野問題（15.6%）で有意に多かった。

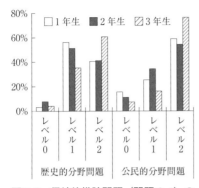

図 3-8　帰納的推論問題（問題 3-1）の分野別回答者率

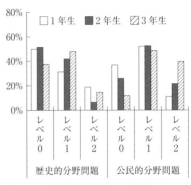

図 3-9　演繹的推論問題（問題 3-2）の分野別回答者率

3）演繹的推論問題（問題 3-2）の分野間比較の結果

分野別に 3（レベル：0，1，2）× 3（学年：1 年生，2 年生，3 年生）の χ^2 検定を使用して，問題 3-2 の回答における演繹的推論の各レベルに分類される各学年の人数割合の偏りについて検討した（図 3-9）。その結果，歴史的分野問題では（$\chi^2(4) = 12.55, p < .05,$），レベル 0 の人数割合は 3 年生（37.4％）で有意に少なかった。また，レベル 1 の人数割合では，1 年生（31.3％）で有意に少なく，3 年生（48.0％）で有意に多かった。レベル 2 では，2 年生（6.5％）で有意に少なかった。他方，公民的分野問題では（$\chi^2(4) = 39.01, p < .001$），レベル 1 の人数割合は，2 年生（52.6％）で有意に多く，3 年生（48.6％）で有意に少なかった。逆に，レベル 2 では，1 年生（11.1％）で有意に少なく，3 年生（39.6％）で有意に多かった。

次に，学年別に 3（レベル：0，1，2）× 2（分野：歴史，公民）の χ^2 検定を使用して，問題 3-2 の演繹的推論のレベルが分野間で異なるか否かを検討した（図 3-9）。その結果，1 年生（$\chi^2(2) = 9.67, p < .01$），2 年生（$\chi^2(2) = 8.33, p < .001$），3 年生（$\chi^2(2) = 33.12, p < .001$）のすべての学年で有意な偏りが見られた。残差分析の結果をまとめると，レベル 0 の人数割合は，歴史的分野問題（2 年生：51.6％，3 年生：37.4％）で有意に多く，公民的分野問題（2 年

生：25.9％，３年生：11.8％）で有意に少なかった。逆にレベル２では，歴史的分野問題（２年生：6.5％，３年生：14.6％）で有意に少なく，公民的分野問題（２年生：21.6％，３年生：39.6％）で有意に多かった。また，１年生のレベル１の人数割合は，歴史的分野問題（31.3％）で有意に少なく，公民的分野問題（52.1％）で有意に多かった。

（2）社会的判断力育成型問題の分野間比較

1）価値判断問題（問題2-1）の分野間比較の結果

　分野別に，３（選択肢：①，②，③）×３（学年：１年生，２年生，３年生）のχ²検定を使用して，問題2-1における選択肢の選択傾向に学年差が見られるか否かを検討した（図3-10）。その結果，歴史的分野問題では（$\chi^2(4)=8.08, p<.10$），①（正しい判断である）を選択した人数割合は，３年生（23.0％）で多い傾向にあった。しかし，公民問題では，学年差は認められなかった。

2）意思決定問題（問題2-2）の分野間比較の結果

　分野別に３（レベル：0，1，2）×３（学年：１年生，２年生，３年生）のχ²検定を使用して，問題2-2の回答における意思決定の各レベルに分類される各

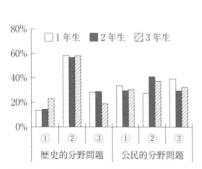

図 3-10　価値判断問題（問題 2-1）の
　　　　　分野別回答者率

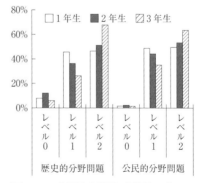

図 3-11　意思決定問題（問題 2-2）の
　　　　　分野別回答者率

学年の人数割合の偏りについて検討した（図3-11）。その結果，歴史的分野問題では（$\chi^2(4) = 17.35, p < .01$），レベル1の人数割合は1年生（45.7%）で有意に多く，3年生（26.2%）で有意に少なかった。逆に，レベル2では，1年生（46.5%）で有意に少なく，3年生（67.8%）で有意に多かった。他方，公民的分野問題では，有意な学年差は見られなかった。

　学年別に3（レベル：0，1，2）×2（分野：歴史，公民）のχ^2検定を使用して，問題2-2の意思決定のレベルが分野間で異なるか否かを検討した（図3-11）。その結果，1年生では偏りの有意傾向が（$\chi^2(2) = 5.47, p < .10$），2年生（$\chi^2(2) = 9.86, p < .01$）と3年生（$\chi^2(2) = 6.56, p < .05$）では有意な偏りが見られた。残差分析の結果をまとめると，レベル0の人数割合は，歴史的分野問題（1年生：7.9%，2年生：12.1%，3年生：6.0%）で有意に多く，公民的分野問題（1年生：1.6%，2年生：2.3%，3年生：1.4%）で有意に少なかった。

（3）批判的思考力育成型問題（問題4）の分野間比較

　分野別に3（レベル：0，1，2）×3（学年：1年生，2年生，3年生）のχ^2検定を使用して，問題4の回答における批判的思考力の各レベルに分類される各学年の人数割合の偏りについて検討した（図3-12）。その結果，歴史的分野問題では（$\chi^2(4) = 25.11, p < .001$），レベル0に分類された人数割合は，1年生（29.8%）で有意に多く，3年生（11.8%）で有意に少なかった。また，レベル1では2年生（28.4%）で有意に多く，レベル2では3年生（74.3%）で有意に多かった。他方，公民的分野問題では（$\chi^2(4) = 20.33, p < .001$），レベル0に分類された人数割合は，2年生（13.0%）で有意に多く，3年生（2.7%）で有意に少なかった。また，レベル1では1年生（64.0%）で有意に多く，レベル2では1年生（26.4%）で有意に少なく，3年生（46.6%）で有意に多かった。

　次に，学年別に3（レベル：0，1，2）×2（分野：歴史，公民）のχ^2検定を

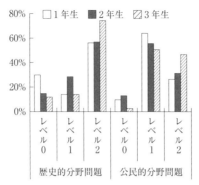

図 3-12　批判的思考問題（問題 4 ）の分野別回答者率

使用して，問題 4 の批判的思考力のレベルが分野間で異なるか否かを検討した。その結果，1 年生（$\chi^2(2) = 62.72, p < .001$），2 年生（$\chi^2(2) = 20.10, p < .001$），3 年生（$\chi^2(2) = 46.16, p < .001$）のすべての学年で有意な偏りが見られた。残差分析の結果をまとめると，レベル 0 の人数割合は，歴史的分野問題（1 年生：29.8%，3 年生：11.8%）で有意に多く，公民的分野問題（1 年生：9.6%，3 年生：2.7%）で有意に少なかった。レベル 1 では，歴史的分野問題（1 年生：14.0%，2 年生：28.4%，3 年生：14.0%）で有意に少なく，公民的分野問題（1 年生：64.0%，2 年生：55.7%，3 年生：50.7%）で有意に多かった。レベル 2 では，歴史的分野問題（1 年生：56.1%，2 年生：56.9%，3 年生：74.3%）で有意に多く，公民的分野問題（1 年生：26.4%，2 年生：31.3%，3 年生：46.6%）で有意に少なかった。

Ⅲ　調査結果の考察と今後の課題

　第 3 章では，中学 1 年生から 3 年生を対象にして社会的思考力・判断力に焦点をあてた横断的な発達的調査を実施し，「青年期の社会認識発達の質的な転換」に関する仮説を実証的に検証するとともに，社会的思考力・判断力

を構成する諸能力間の関連性を検討した。あわせて，社会的思考力・判断力の発達傾向が歴史的分野と公民的分野の間で異なるか否かについて比較検討した。調査の結果，以下の3点が明らかになった。

　まず第1に，歴史的分野問題における中学生の社会的思考力・判断力の発達傾向を分析した結果，帰納的推論能力，演繹的推論能力，意思決定能力（社会的判断力），批判的思考力のすべてにおいて学年差が見いだされ，学年進行に伴って高まる傾向にあった。特に，2年生から3年生にかけて大きく伸長する傾向にあった。

　第2に，歴史的分野問題における中学生の社会的思考力・判断力を構成する諸能力の関連性を検討した結果，まず帰納的推論能力と社会的判断力（意思決定力）の高い者は，事実判断力も高い関係にあった（表3-1）。また，帰納的推論能力と他の3つの能力（演繹的推論能力，意思決定力，批判的思考力）との関連性を検討した結果，帰納的推論能力が高い者ほど社会的判断力（意思決定力）や批判的思考力も高い関係にあることが明らかになった（表3-2）。逆に最も高次な能力と仮定する批判的思考力が高い者ほど，帰納的推論能力と社会的判断力（意思決定力）が高い関係にあった（表3-3）。さらに，4つの能力間の相互関連性を検討した結果（表3-4），帰納的推論能力が高い者ほど演繹的推論能力，社会的判断力（意思決定力）および批判的思考力が高い関係にあること，演繹的推論能力が高い者ほど社会的判断力（意思決定力）や批判的思考力が高い関係にあること，社会的判断力（意思決定力）が高い者ほど批判的思考力が高い関係にあることが示された。以上の結果から，社会的思考力・判断力を構成する能力間には相互関連性があると示唆される。

　第3に，歴史的分野と公民的分野の発達傾向を比較検討した結果，2つの分野に共通する特徴としては，①中学生の社会的思考力・判断力（社会認識力，社会的判断力，批判的思考力）は学年進行に伴って高くなること，②特に2年生から3年生にかけて伸長する傾向が見られること，③この傾向は社会認識力（帰納的推論，演繹的推論）と批判的思考力において顕著であることで

ある。他方，2つの分野間で異なる点は，同様の評価基準を適用しても分野間でレベル0〜レベル2の人数に大きな違いが見られることである。歴史的分野問題と公民的分野問題の難易度を揃えることが難しいことや，それぞれの分野の特殊性や固有性を考慮すると，社会的思考力・判断力の発達を測定する場合には複数の分野を同時に検討するよりも，特定の分野に絞って詳細に検討していく方が生産的ではないかと考えられる。

　科学的な社会認識の育成を目指す社会科教育の観点からみると，社会認識の発達とその形成に関する研究の最終的な目標は，発達と教育の相互作用の解明である。ヴィゴツキーは子どもの現在の発達水準と周囲の人間からの適当な働きかけや支援によって高まる発達可能な水準との隔たりを「発達の最近接領域」と呼び，この領域に働きかけることが教育の課題だとした[4]。発達の可能性である「発達の最近接領域」への働きかけを検討する場合，どのような教育内容を，どのようにして指導すれば子どもの認識発達を促進できるのか，そしてそれはどの学年段階（あるいは時期）の子どもに最も適しているのかを明らかにする必要がある。つまり，発達を促進する教育的働きかけの適時性・適切性の問題を検討することが重要である。「発達の最近接領域」の考え方にもとづき，いつ，どのような内容を，どのように指導すればよいのか，このことを含めて今後の課題として以下の2点をあげたい。

①横断的発達研究法を用いた第3章の横断的な調査結果と縦断的発達研究法を用いた縦断的な調査結果を比較検討することによって，中学生の社会認識発達の傾向や特徴について総合的に明らかにすること。
②中学生の社会認識の発達に即した授業改善や授業構成の視点を提示するとともに，中学生の社会的思考力・判断力の発達を促進する指導方略について実験教育を実施し，実践的に検討すること。

【注】

1）加藤寿朗『子どもの社会認識の発達と形成に関する実証的研究―経済認識の変容を手がかりとして―』風間書房，2007年，加藤寿朗・和田倫寛「子どもの社会認識発達に基づく小学校社会科授業の開発研究」『社会系教科教育学研究』第21号，2009年，pp. 1-10。

2）本稿における「社会的思考力・判断力」という用語は，「社会科授業で育成をめざす社会的事象に関する思考力・判断力」という意味で用いる。

3）学校別の結果の詳細は，次の文献を参照願いたい。加藤寿朗・梅津正美・前田健一・新見直子「中学生の社会認識の発達に関する調査的研究（Ⅰ）―思考力・判断力の発達に焦点をあてて―」『社会認識教育学研究』第26号，2011年，pp. 1-10，同「中学生の社会認識の発達に関する調査的研究（Ⅱ）―思考力・判断力の関係性に焦点をあてて―」『社会認識教育学研究』第27号，2012年，pp. 1-10，加藤寿朗・梅津正美・前田健一・新見直子他「中学生の社会的思考力・判断力の発達に関する研究（Ⅱ）―公民的分野を事例とした調査を通して―」『島根大学教育学部紀要』第46巻，2012年，pp. 61-73，梅津正美・加藤寿朗・前田健一・新見直子他「中学生の社会的思考力・判断力の発達に関する研究（Ⅰ）―歴史的分野を事例とした調査を通して―」『鳴門教育大学研究紀要』第28巻，2013年，pp. 64-79。

4）ヴィゴツキー，柴田義松訳『新訳版　思考と言語』新読書社，2001年。

（前田健一・新見直子）

第4章　歴史的分野における社会的思考力・判断力の縦断的発達調査と発達仮説

第4章では，同一の対象集団を約1年間の間隔をおいて追跡調査し，1年目と2年目の発達差や発達的変化を探究する縦断的発達研究法を使用して，次の2点を検討し，その結果を報告する。①中学1年→2年集団と中学2年→3年集団を対象に歴史的分野のテスト問題を縦断的に実施し，中学生の社会的思考力・判断力（社会認識力，社会的判断力，批判的思考力）の縦断的な発達傾向を検討し，「青年期の社会認識発達の質的な転換」に関する仮説を実証的に再検証すること。②社会的思考力・判断力を構成する諸能力間の縦断的な関連性を明らかにすること。

Ⅰ　社会的思考力・判断力の縦断的な発達調査

1．調査の目的

第3章では，児童期を対象とした社会認識の発達研究[1]から仮説的に提示された「青年期の社会認識発達の質的な転換」を検証するために，中学1年生，2年生，3年生を対象に中学生の社会的思考力・判断力に関する横断的な発達的調査を実施し，中学生の社会認識の発達に関する実証的データを分析した。その結果，中学生の社会認識の発達的特徴として次の2点が指摘された。

①中学生の社会的思考力・判断力は，学年進行に伴って高くなり，特に2年生から3年生にかけて伸長する傾向が見られること。

②社会的思考力・判断力を構成する諸能力は互いに独立する能力ではなく，

相互に関連しあう能力であること。

　これらの結果は，中学生の社会的思考力・判断力の発達の連続性（学年進行に伴う思考力・判断力のレベルが上昇）と不連続性（能力が著しく伸長する時期の存在）という特徴を示唆している。これらの結果から，青年期の社会的思考力・判断力の発達には量的増加とともに，質的に異なった段階（質的な転換）が存在する可能性が考えられる。しかし，第３章の調査は中学１年生，２年生，３年生とそれぞれ異なる対象集団のデータを比較する横断的発達研究法を用いたものであった。そこで，第４章では同一の対象集団を追跡調査する縦断的発達研究法を用いて，中学生の社会的思考力・判断力の発達に関する実証的データを収集し，「青年期の社会認識発達の質的な転換」に関する仮説について再検証する。具体的には，①中学生の社会的思考力・判断力の発達的特徴と②中学生の社会的思考力・判断力を構成する諸能力間の関連性について再検討する。

２．調査の方法

（１）調査対象者と調査実施時期

　調査対象者は，島根県下の２つの中学校の生徒であった。２年にわたる縦断的調査の有効回答者を２つの学校で合計すると，１年生と２年生の２時点で縦断的調査に回答した移行集団（以後，これを「１年→２年集団」と表記する）は296名であり，２年生と３年生の２時点で縦断的調査に回答した移行集団（以後，これを「２年→３年集団」と表記する）は293名であった。

　調査実施時期は，２つの中学校とも１年目の調査が2009年12月から2010年１月であり，２年目の調査が2010年12月から2011年１月であった。調査を実施するにあたっては，事前に調査内容について説明し，調査協力校の校長から承諾を得た。１年目の回答者と２年目の回答者を一致させるために，調査協力校が用意したID番号を使用した。なお，以下の分析結果では調査問題

によって回答者数が異なるため，対象者数が少しずつ異なる場合がある。

（2）調査問題の構成と分析の観点

　第4章の縦断的発達調査でも，巻末の資料1の歴史的分野問題の調査用紙を使用した。いずれの調査時期および学年とも共通の調査用紙を使用した。歴史的分野問題は，選択肢で回答する小問題や自由記述形式で回答する小問題から構成されており，40分で回答させた。なお，問題内容，分析の観点，評価基準等については第3章と同様，資料2を参照されたい。

3．調査データの分析手順

　以下の分析では2つの中学校のデータを一括して使用した。

（1）調査データの得点化

　第3章と同様に資料2に示す「分析の観点」にもとづいて生徒の回答内容を得点化した。

（2）社会的思考力・判断力の縦断的変化の分析

　第3章と同様に，問題1（事実判断問題），問題2-1（価値判断問題），問題2-2（意思決定問題），問題3-1（帰納的推論問題），問題3-2（演繹的推論問題）および問題4（批判的思考問題）別に，評価基準にもとづいて指摘数や回答者率を算出し，学年進行に伴う縦断的変化を検討した。

（3）社会的思考力・判断力の縦断的関連性の分析

　第3章と同様の仮定にもとづいて，社会的思考力・判断力を構成する諸能力間の縦断的な関連性について検討した。

Ⅱ　調査データの分析結果

1．社会的思考力・判断力の縦断的変化

（1）社会認識力育成型問題の結果

1）事実判断問題（問題1）の結果

　1年→2年集団と2年→3年集団別に，問題1の指摘数が縦断的に増加傾向を示すか否かについてt検定を使用して検討した。分析の結果，1年→2年集団の1年目（平均値＝2.43）と2年目（平均値＝2.52）の間および2年→3年集団の1年目（平均値＝2.31）と2年目（平均値＝2.44）の間には統計的に有意差は見られなかった。つまり，事実判断力の量的指標では約1年間に顕著な縦断的変化は見られないといえる。また，1年目同士と2年目同士で2つの学年集団間の差を検定した結果，いずれの時点でも集団間に統計的に有意差は見られなかった。

2）帰納的推論問題（問題3-1）の結果

　帰納的推論問題の1年目のレベルが2年目でも維持される傾向にあるのか，あるいは時間経過に伴ってレベルが変動する傾向にあるのかを検討した。具体的には，集団別かつ1年目のレベル別に，2年目のレベル0からレベル2に分類される人数に偏りが見られるか否かについてχ^2検定を使用して検討した（表4-1）。分析の結果，1年目にレベル1やレベル2に分類された者は2年目も同じレベルを維持する傾向にあった。そして，この傾向は2つの集団に共通していた。この他に，1年→2年集団では1年目のレベル0から2年目のレベル1に上昇する者も有意に多かった。他方，2年→3年集団では1年目のレベル0から2年目のレベル1へ上昇する者，あるいは1年目のレベル1から2年目のレベル2へ上昇する者が有意に多かった。

表 4-1　帰納的推論問題（問題 3-1）の 1 年目のレベル別にみた
2 年目の各レベルの人数とχ^2検定結果

			1 年→2 年集団				2 年→3 年集団			
			2 年目のレベル			χ^2検定結果	2 年目のレベル			χ^2検定結果
			レベル 0	レベル 1	レベル 2		レベル 0	レベル 1	レベル 2	
1年目のレベル	レベル 0	人数	19	20	2	$\chi^2(2)=$	9	16	4	$\chi^2(2)=$
		比率	46.3%	48.8%	4.9%	14.98	31.0%	55.2%	13.8%	7.52
		有意性	(+)	(+)	(−)	$p<.01$		(+)	(−)	$p<.05$
	レベル 1	人数	5	97	50	$\chi^2(2)=$	8	86	57	$\chi^2(2)=$
		比率	3.3%	63.8%	32.9%	83.54	5.3%	57.0%	37.7%	61.76
		有意性	(−)	(+)		$p<.001$	(−)	(+)	(+)	$p<.001$
	レベル 2	人数	2	28	56	$\chi^2(2)=$	—	27	52	$\chi^2(1)=$
		比率	2.3%	32.6%	65.1%	50.88	—	34.2%	65.8%	7.91
		有意性	(−)		(+)	$p<.001$		(−)	(+)	$p<.01$

（−）は，統計的に有意に人数が少ないことを意味する。（+）は，統計的に有意に人数が多いことを意味する。以下の表も同様に表記する。

　次に，対象者を帰納的推論問題のレベルが約 1 年間で上昇した者，逆に下降した者，あるいはレベルに変化なしの維持した者の 3 下位群に分類し，各下位群の人数比率を比較して全体的な変動傾向を検討した（表 4-2）。上昇群は，1 年目から 2 年目にかけて 1 つ以上レベルが上昇した者（レベル 0 →レベル 1，レベル 0 →レベル 2，レベル 1 →レベル 2）の群であった。下降群は，1 年目から 2 年目にかけて 1 つ以上レベルが下降した者（レベル 2 →レベル 1，レベル 2 →レベル 0，レベル 1 →レベル 0）の群であった。維持群は，1 年目と 2 年目のレベルが同じ者（レベル 0 →レベル 0，レベル 1 →レベル 1，レベル 2 →レベル 2）の群であった。

　表 4-2 から分かるように，1 年→2 年集団と 2 年→3 年集団の両方とも維持群が最も多く，次いで上昇群となり，下降群が最も少なかった。維持群が過半数を占めていることから，いずれの対象集団においても帰納的推論能力は全般的に維持されやすく，変動する場合には下降よりも上昇する者が多い

表 4-2　各問題における対象集団別の各下位群の人数，比率およびχ^2検定結果

		1年→2年集団			2年→3年集団			χ^2検定結果
		上昇群	維持群	下降群	上昇群	維持群	下降群	
帰納的推論問題	人数	72	172	35	77	147	35	$\chi^2(2)=1.39$
	比率	25.8%	61.6%	12.5%	29.7%	56.8%	13.5%	n.s.
	有意性							
演繹的推論問題	人数	68	128	14	76	94	13	$\chi^2(2)=3.85$
	比率	32.4%	61.0%	6.7%	41.5%	51.4%	7.1%	n.s.
	有意性							
意思決定問題	人数	64	187	24	89	145	25	$\chi^2(2)=8.95$
	比率	23.3%	68.0%	8.7%	34.4%	56.0%	9.7%	$p<.05$
	有意性	(−)	(+)		(+)	(−)		
批判的思考問題	人数	62	145	46	60	124	34	$\chi^2(2)=0.88$
	比率	24.5%	57.3%	18.2%	27.5%	56.9%	15.6%	n.s.
	有意性							

といえる。また，各群の人数比率が2つの集団間で異なるか否かを検討した結果，2つの集団間で有意差は見られなかった（表4-2）。

3）演繹的推論問題（問題3-2）の結果

帰納的推論問題と同様にχ^2検定を使用して，集団別かつ1年目のレベル別に2年目のレベルの人数の偏りについて検討した（表4-3）。その結果，いずれの集団でも1年目にレベル0に分類されていた者は2年目にもレベル0を維持する者が有意に多く，レベル1へと上昇する者も有意に多かった。しかし，レベル1に分類されていた者は2年目もレベル1を維持する傾向にあった。また1年目にレベル2に分類された者の人数は比較的少なかったが，1年→2年集団ではその多くが2年目もレベル2を維持する傾向にあった。

次に，演繹的推論問題についても3下位群の人数比率を比較して全体的な変動傾向を検討した（表4-2）。その結果，いずれの対象集団でも維持群が過半数を占めて最も多く，次いで上昇群が多かった。しかし，集団間で比較し

表 4-3　演繹的推論問題（問題 3-2）における 1 年目のレベル別にみた
　　　　2 年目の各レベルの人数と χ² 検定結果

			1 年→ 2 年集団				2 年→ 3 年集団			
			2 年目のレベル			χ²検定結果	2 年目のレベル			χ²検定結果
			レベル 0	レベル 1	レベル 2		レベル 0	レベル 1	レベル 2	
1年目のレベル	レベル 0	人数	80	52	8	$\chi^2(2) =$ 56.46 $p < .001$	62	44	14	$\chi^2(2) =$ 29.40 $p < .001$
		比率	57.1%	37.1%	5.7%		51.7%	36.7%	11.7%	
		有意性	（+）	（+）	（−）		（+）	（+）	（−）	
	レベル 1	人数	12	30	8	$\chi^2(2) =$ 16.48 $p < .001$	7	28	18	$\chi^2(2) =$ 12.49 $p < .01$
		比率	24.0%	60.0%	16.0%		13.2%	52.8%	34.0%	
		有意性	（−）	（+）	（−）		（−）	（+）		
	レベル 2	人数	1	1	18	$\chi^2(2) =$ 28.90 $p < .001$	1	5	4	$\chi^2(2) =$ 2.60 n.s.
		比率	5.0%	5.0%	90.0%		10.0%	50.0%	40.0%	
		有意性	（−）	（−）	（+）					

た結果，いずれの下位群の比率でも 2 つの集団間に有意差は見られなかった
（表 4-2）。

（2）社会的判断力育成型問題の結果

1）価値判断問題（問題 2-1）の結果

　問題 2-1 の選択肢問題では 1 年目の選択肢と 2 年目の選択肢が一致する傾向にあるのか，あるいは約 1 年間で変動する傾向にあるのかを集団別かつ 1 年目の選択肢別に χ² 検定を使用して検討した（表 4-4）。その結果，1 年→ 2 年集団では 1 年目に選択肢 1 や 2 を選択した者は 2 年目も 1 年目と一致する選択肢 1 や 2 を選択する傾向にあった。2 年→ 3 年集団では選択肢 2 と 3 において同様の一致傾向がみられた。

2）意思決定問題（問題 2-2）の結果

　意思決定問題についても χ² 検定を使用して，集団別かつ 1 年目のレベル別に 2 年目のレベルに分類された人数の偏りについて検討した（表 4-5）。その

**表 4-4 価値判断問題（問題 2-1）の 1 年目の選択肢別にみた
2 年目の各選択肢の人数とχ^2検定結果**

			1 年→2 年集団				2 年→3 年集団			
			2 年目の選択肢			χ^2検定結果	2 年目の選択肢			χ^2検定結果
			選択肢 1	選択肢 2	選択肢 3		選択肢 1	選択肢 2	選択肢 3	
1年目の選択肢	選択肢 1	人数	25	27	10	$\chi^2(2) =$	15	20	19	$\chi^2(2) =$
		比率	40.3%	43.5%	16.1%	8.36	27.8%	37.0%	35.2%	0.78
		有意性	(+)	(+)	(−)	$p < .05$				n.s.
	選択肢 2	人数	14	106	29	$\chi^2(2) =$	11	109	24	$\chi^2(2) =$
		比率	9.4%	71.1%	19.5%	98.11	7.6%	75.7%	16.7%	118.04
		有意性	(−)	(+)	(−)	$p < .001$	(−)	(+)	(−)	$p < .001$
	選択肢 3	人数	9	41	27	$\chi^2(2) =$	13	28	38	$\chi^2(2) =$
		比率	11.7%	53.2%	35.1%	20.05	16.5%	35.4%	48.1%	12.03
		有意性	(−)	(+)		$p < .001$	(−)		(+)	$p < .01$

結果，2 つの対象集団に共通して，1 年目のレベル 1 の者は 2 年目にはレベル 2 へ上昇する傾向が見られた。また，1 年→2 年集団ではレベル 1 や 2 を維持する者が有意に多く，2 年→3 年集団でもレベル 2 を維持する者が有意に多かった。

　次に，意思決定問題についても 3 下位群の人数比率を比較して全体的な変動傾向を検討した。その結果，2 つの対象集団とも維持群の比率が最も多かった。各下位群の比率を集団間で比較した結果，維持群の比率は 1 年→2 年集団で有意に多く，上昇群の比率は 2 年→3 年集団で有意に多かった（表 4-2）。

（3）批判的思考力育成型問題（問題 4）の結果

　批判的思考問題についても，集団別かつ 1 年目のレベル別に 2 年目のレベルに分類された人数の偏りについてχ^2検定を使用して検討した（表 4-6）。その結果，2 つの対象集団とも 1 年目にレベル 0 とレベル 2 の者は 2 年目もそれと一致するレベルを維持する傾向にあった。また，2 つの対象集団に共通

表4-5　意思決定問題（問題2-2）における1年目のレベル別にみた 2年目の各レベルの人数とχ²検定結果

			1年→2年集団				2年→3年集団			
			2年目のレベル			χ²検定 結果	2年目のレベル			χ²検定 結果
			レベル0	レベル1	レベル2		レベル0	レベル1	レベル2	
1年目のレベル	レベル0	人数	7	9	14	χ²(2) =	4	13	9	χ²(2) =
		比率	23.3%	30.0%	46.7%	2.60	15.4%	50.0%	34.6%	4.69
		有意性				*n.s.*				*n.s.*
	レベル1	人数	6	62	41	χ²(2) =	5	38	67	χ²(2) =
		比率	5.5%	56.9%	37.6%	44.06	4.5%	34.5%	60.9%	52.49
		有意性	（−）	（＋）	（＋）	$p<.001$	（−）		（＋）	$p<.001$
	レベル2	人数	6	12	118	χ²(2) =	2	18	103	χ²(2) =
		比率	4.4%	8.8%	86.8%	175.12	1.6%	14.6%	83.7%	143.76
		有意性	（−）	（−）	（＋）	$p<.001$	（−）	（−）	（＋）	$p<.001$

して1年目のレベル0から2年目にはレベル2に上昇する者も有意に多かった。さらに，2年→3年集団では1年目のレベル1から2年目のレベル2に上昇する者も有意に多かった。

　次に，批判的思考問題についても3下位群の人数比率を比較して全体的な変動傾向を検討した。その結果，どちらの対象集団でも維持群の比率が最も多かった。しかし，各下位群の比率を集団間で比較した結果，いずれの下位群でも2つの集団間に有意差は見られなかった（表4-2）。

2．社会的思考力・判断力の縦断的関連性

　分析にあたっては第3章と同様に，事実判断力は社会的思考力・判断力の基盤となる能力であること，社会的思考力・判断力を構成する4つの能力には，難易度に順序性があることを仮定して能力間の関連性を検討した。

（1）事実判断力と他の3つの思考力・判断力との縦断的関連性

　社会的思考力・判断力のうち，最も基礎的な能力と考えられる事実判断力

**表4-6　批判的思考問題（問題4）における1年目のレベル別にみた
2年目の各レベルの人数とχ²検定結果**

			1年→2年集団				2年→3年集団			
			2年目のレベル			χ²検定結果	2年目のレベル			χ²検定結果
			レベル0	レベル1	レベル2		レベル0	レベル1	レベル2	
1年目のレベル	レベル0	人数	43	12	36	$\chi^2(2) =$ 17.43 $p<.001$	22	6	33	$\chi^2(2) =$ 10.71 $p<.01$
		比率	47.3%	13.2%	39.6%		43.1%	11.8%	45.1%	
		有意性	(+)	(−)	(+)		(+)	(−)	(+)	
	レベル1	人数	15	16	14	$\chi^2(2) =$ 0.13 n.s.	16	12	31	$\chi^2(2) =$ 10.20 $p<.01$
		比率	33.3%	35.6%	31.1%		27.1%	20.3%	52.5%	
		有意性					(−)	(−)	(+)	
	レベル2	人数	17	14	86	$\chi^2(2) =$ 85.08 $p<.001$	14	4	90	$\chi^2(2) =$ 122.89 $p<.001$
		比率	14.5%	12.0%	73.5%		13.0%	3.7%	83.3%	
		有意性	(−)	(−)	(+)		(−)	(−)	(+)	

が他の3つの思考力・判断力（社会認識力，社会的判断力，批判的思考力）と縦断的に関連するか否かを検討した。具体的には，2つの集団別に，帰納的推論問題，演繹的推論問題，意思決定問題，批判的思考問題の2年目の3レベル間で1年目の事実判断問題（問題1）の指摘数を比較した（表4-7）。その結果，1年→2年集団では4つすべての問題でレベル間に有意差が見られた。いずれの問題でも2年目にレベル2に分類された者は，2年目にレベル0またはレベル1に分類された者よりも1年目の事実判断問題の指摘数が有意に多かった。それに対して，2年→3年集団では，4つの問題のいずれにおいても3レベル間に有意差は認められなかった。

（2）帰納的推論能力と他の思考力・判断力との縦断的関連性

　帰納的推論問題（問題3-1）の1年目にレベル2に分類された者は，2年目の演繹的推論問題，意思決定問題，批判的思考問題でどのレベルの評価を得たかについてχ²検定を使用して2つの集団別に検討した（表4-8）。その結果，1年→2年集団では2年目の帰納的推論問題，意思決定問題，批判的思

表4-7　帰納的推論問題，演繹的推論問題，意思決定問題，批判的思考問題の2年目のレベル別にみた事実判断問題の1年目の平均指摘数と分散分析結果

		1年→2年集団			分散分析結果	2年→3年集団			分散分析結果
		レベル0	レベル1	レベル2		レベル0	レベル1	レベル2	
帰納的推論問題		2.00	2.38	2.62	$F(2, 283)$ $= 4.67$ $p < .05$ レベル2＞レベル0	1.90	2.33	2.35	$F(2, 266)$ $= 1.80$ n.s. レベル間差なし
	人数	28	149	109		20	135	114	
演繹的推論問題		2.32	2.48	2.79	$F(2, 252)$ $= 3.20$ $p < .05$ レベル2＞レベル0	2.20	2.44	2.55	$F(2, 235)$ $= 2.41$ n.s. レベル間差なし
	人数	118	99	38		107	87	44	
意思決定問題		2.15	2.26	2.57	$F(2, 281)$ $= 3.57$ $p < .05$ レベル2＞レベル1	2.27	2.16	2.40	$F(2, 258)$ $= 1.47$ n.s. レベル間差なし
	人数	20	89	175		11	69	181	
批判的思考問題		2.20	2.31	2.63	$F(2, 274)$ $= 5.25$ $p < .01$ レベル2＞レベル0	2.16	2.22	2.42	$F(2, 255)$ $= 1.76$ n.s. レベル間差なし
	人数	85	45	147		64	32	162	

考問題でレベル2に分類される者が有意に多かった。2年→3年集団でも1年→2年集団と同様に，2年目の帰納的推論問題，意思決定問題，批判的思考問題でレベル2に分類される者が有意に多かった。これらの結果から，帰納的推論能力は帰納的推論能力，社会的判断力（意思決定力），批判的思考力と縦断的な関連性があると示唆される。

（3）批判的思考能力と他の思考力・判断力との縦断的関連性

　批判的思考問題（問題4）の2年目にレベル2に分類された者は，各問題の1年目でも高レベルの評価を得ているか否かについてχ^2検定を使用して2

表 4-8　帰納的推論問題（1 年目）でレベル 2 に分類された者の各問題での
レベル（2 年目）

		1 年→ 2 年集団				2 年→ 3 年集団			
		人数	比率	有意性	χ^2検定	人数	比率	有意性	χ^2検定
帰納的推論問題	レベル 0	2	2.3%	（−）	$\chi^2(2)=50.88$ $p<.001$	—	—		$\chi^2(2)=7.91$ $p<.01$
	レベル 1	28	32.6%			27	34.2%	（−）	
	レベル 2	56	65.1%	（+）		52	65.8%	（+）	
演繹的推論問題	レベル 0	27	34.6%		$\chi^2(2)=2.39$ n.s.	29	40.8%		$\chi^2(2)=1.80$ n.s.
	レベル 1	31	39.7%			21	29.6%		
	レベル 2	20	25.6%			21	29.6%		
意思決定問題	レベル 0	2	2.4%	（−）	$\chi^2(2)=90.09$ $p<.001$	1	1.3%	（−）	$\chi^2(2)=87.90$ $p<.001$
	レベル 1	14	16.5%	（−）		13	16.5%	（−）	
	レベル 2	69	81.2%	（+）		65	82.3%	（+）	
批判的思考問題	レベル 0	12	14.5%	（−）	$\chi^2(2)=53.23$ $p<.001$	9	11.7%	（−）	$\chi^2(2)=77.33$ $p<.001$
	レベル 1	12	14.5%	（−）		6	7.8%	（−）	
	レベル 2	59	71.1%	（+）		62	80.5%	（+）	

つの集団別に検討した（表 4-9）。その結果，1 年→ 2 年集団では 1 年目の帰納的推論問題，意思決定問題，批判的思考問題でもレベル 2 に分類される者が有意に多かった。2 年→ 3 年集団でもほぼ同様の関係が認められた。すなわち，1 年目の帰納的推論問題と意思決定問題ではレベル 1 または 2，批判的思考問題ではレベル 2 に分類される者が有意に多かった。ところが，1 年目の演繹的推論問題ではレベル 0 に分類される者が有意に多いという結果であった。これらの結果から，思考力・判断力を構成する諸能力のうち最も高次の能力と仮定される批判的思考力は，帰納的推論能力，社会的判断力（意思決定力），批判的思考力と縦断的な関連性があると示唆される。それと同時に，1 年目の演繹的推論はレベル 0 であっても，2 年目の批判的思考ではレベル 2 に達する可能性も示唆された。

表 4-9　批判的思考問題（ 2 年目）でレベル 2 に分類された者の各問題での レベル（ 1 年目）

		1 年→ 2 年集団				2 年→ 3 年集団			
		人数	比率	有意性	χ^2検定	人数	比率	有意性	χ^2検定
帰納的 推論問題	レベル 0	6	4.1%	(−)	$\chi^2(2)=61.08$ $p<.001$	10	6.3%	(−)	$\chi^2(2)=58.23$ $p<.001$
	レベル 1	81	55.5%	(＋)		87	54.7%	(＋)	
	レベル 2	59	40.4%	(＋)		62	39.0%	(＋)	
演繹的 推論問題	レベル 0	63	53.8%	(＋)	$\chi^2(2)=24.67$ $p<.001$	73	60.8%	(＋)	$\chi^2(2)=54.45$ $p<.001$
	レベル 1	34	29.1%	(−)		40	33.3%		
	レベル 2	20	17.1%	(−)		7	5.8%	(−)	
意思決定 問題	レベル 0	11	7.5%	(−)	$\chi^2(2)=57.80$ $p<.001$	12	7.5%	(−)	$\chi^2(2)=58.67$ $p<.001$
	レベル 1	49	33.6%			58	36.0%	(＋)	
	レベル 2	86	58.9%	(＋)		91	56.5%	(＋)	
批判的 思考問題	レベル 0	36	26.5%	(−)	$\chi^2(2)=60.06$ $p<.001$	23	16.0%	(−)	$\chi^2(2)=55.79$ $p<.001$
	レベル 1	14	10.3%	(−)		31	21.5%	(−)	
	レベル 2	86	63.2%	(＋)		90	62.5%	(＋)	

Ⅲ　調査結果の考察と発達仮説および今後の課題

1．中学生の社会的思考力・判断力の発達的特徴

（1）社会的思考力・判断力の発達

　　第 3 章の中学 1 年生， 2 年生， 3 年生を対象とした横断的調査では，学年進行に伴って社会的思考力・判断力が上昇する傾向にあり，しかもその上昇傾向は特に 2 年生から 3 年生にかけて顕著であることが示唆された。第 4 章の縦断的調査の結果をみると，第 3 章の横断的調査の結果と異なる点もいくつか見られた[2]。例えば，表 4-2 に示す 3 つの下位群（上昇群，維持群，下降群）の人数割合をみると，帰納的推論問題，演繹的推論問題，意思決定問題および批判的思考問題のほとんどで 1 年目のレベルが 2 年目も維持される維

持群が最も多く，次に上昇群となり，下降群が最も少なかった。

　唯一の例外は，2年→3年集団の意思決定問題では上昇群の比率が有意に多かったことである（表4-2）。この結果は，同じ生徒を縦断的に調査した場合にも，第3章の横断的調査の結果と同様に，批判的思考力に次ぐ高次の社会的判断力であると仮定される意思決定力は中学2年生から3年生にかけて大きく伸張する可能性を示唆している。

　また，帰納的推論問題の1年→2年集団では1年時のレベル0から2年時のレベル1に上昇する者が有意に多かったが，2年→3年集団では2年時のレベル1から3年時のレベル2へ上昇する者も有意に多かった（表4-1）。さらに，最も高次の批判的思考力を問う批判的思考問題では，1年目のレベル0から2年目のレベル2へ上昇する者の比率も，1年目のレベル1から2年目のレベル2へ上昇する者の比率も，2年→3年集団が1年→2年集団よりも多かった（表4-6）。

　以上の縦断的調査の結果から，中学生の社会的思考力・判断力を構成する諸能力は，全体的にみると経年的に維持される傾向にあるが，変動する場合には下降よりも上昇する傾向にあり，横断的調査の結果ほど顕著ではないが，中学2年生から3年生にかけて伸長する傾向にあるといえよう。

（2）社会的思考力・判断力の縦断的関連性

　事実判断問題とその他の問題との縦断的関連性を検討した分散分析の結果（表4-7）から，1年目の事実判断力は1年→2年集団においてのみ他の全ての2年目の能力（帰納的推論能力，演繹的推論能力，意思決定力，批判的思考力）と縦断的な関連性を示した。これらの結果は，社会的思考力・判断力を構成する諸能力のうち最も基礎的なものと仮定される事実判断力を高めておくことが，他の能力のその後の発達を促進する可能性を示唆する[3]。

　帰納的推論能力と他の社会的思考力・判断力との縦断的関連性を検討した結果，1年目にレベル2と高く評価された生徒は2年目の帰納的推論能力，

意思決定力，批判的思考力を問う問題でもレベル 2 と高く評価される関係にあった（表 4-8）。また，批判的思考力と他の社会的思考力・判断力との縦断的関連性を検討した結果でも，2 年目にレベル 2 と高く評価された生徒は 1 年目の帰納的推論能力，意思決定力，批判的思考力を問う問題でもレベル 2 と高く評価される関係にあった（表 4-9）。これらの結果を考慮すると，社会的思考力・判断力を構成する諸能力は基礎的な能力から高次の能力まで順序よく獲得されていくのではなく，諸能力間で相互に関連しながら獲得されていく可能性が示唆される[4]。

2．中学生の社会的思考力・判断力の発達と形成

　第 4 章の目的は，「青年期の社会認識発達の質的な転換」を仮説としながら，中学生の社会的思考力・判断力に焦点をあてた縦断的な発達の調査を実施し，中学生の発達的変容や発達的特徴を明らかにすることであった。第 3 章の横断的調査の結果と第 4 章の縦断的調査の結果を総合すると，中学生の社会的思考力・判断力の発達仮説を次のようにまとめることができる。

> 　中学生の社会的思考力・判断力の発達には，連続性（学年進行に伴う思考力・判断力のレベルが上昇）と不連続性（能力が著しく伸長する時期の存在）という特徴がある。量的増加と共に質的に異なった段階（質的な転換）が存在し，その時期は中学校 2 年生から 3 年生にかけてである。また，中学生段階において社会的思考力・判断力を構成する諸能力は独立しているのではなく相互に関連している。

　社会科教育研究としての発達的研究が最終的に目指すのは，発達と教育の相互作用の解明であろう。上述の発達仮説を踏まえれば，社会的思考力・判断力の発達の質的な転換期と想定される「中学校 2 年生から 3 年生」に対して，それらの能力の形成をめざした社会科教育の適切な働きかけの効果を検討する今後の研究が，発達と教育の相互作用を解明することにつながるであろう[5]。

3．今後の課題

　中学生段階において社会的思考力・判断力を構成する諸能力は相互に関連しながら獲得されていくことが示唆された。しかし，相互に関連する諸能力を総体として促進しようとするとき，まずはどの能力に焦点化して育てればよいのか，つまり育成すべき能力の順序性については不明確なままである。事実判断力，帰納的推論能力，演繹的推論能力，社会的判断力，批判的思考力のどの能力に焦点化しながら授業を構成することが社会的思考力・判断力の育成に有効なのかを実験的授業によって検討する必要があると考えられる。以上のことを踏まえ今後の課題として，中学生の社会的思考力・判断力の発達に即した授業改善や授業構成の視点を提示すること，および発達を促進する指導方略について実験的・実証的に検討する必要があることをあげたい。

【注】
1）加藤寿朗『子どもの社会認識の発達と形成に関する実証的研究―経済認識の変容を手がかりとして―』風間書房，2007年。
2）横断的な検討結果で明らかになった学年間の違いが，発達的変化を反映した結果ではなく，中1，中2，中3の対象集団間の特徴の違いを反映した結果と考えることもできる。今後は，対象集団の特徴も考慮してさらに検討を行う必要がある。
3）しかし，この関連が1年→2年集団においてのみで認められたこと，1年目と2年目で関連性の方向に違いがあること，さらに各レベルに分類された人数に偏りがあることを踏まえると，今後同様の検討を行い，結果の再現性を確かめる必要がある。
4）本章の研究対象が中学生のみであることから，今後は小学生や高校生のデータも収集して諸能力の獲得過程について検討する必要がある。
5）「中学校2年生から3年生」の時期に，生徒は歴史学習において，歴史的知識を単に学習対象としてではなく，事象の事実の記述とは質的に異なる事象に係る事実間の関係や意味・特色などを説明した解釈を，考察するための知識として捉えることができるようになると推察される。このことも踏まえて，今後さらに中学生の社会認識発達の実相の解明と発達を促す指導方略を検討したい。

（前田健一・新見直子）

第3部　子どもの社会的思考力・判断力の発達と授業
──社会科授業実践を通して──

第5章　社会的思考力・判断力の発達を促進する指導方略

第5章では，調査研究から得られた発達仮説を踏まえ，中学生の社会的思考力・判断力の発達を促進するための教育的働きかけの適時性と適切性を明らかにするための実験的授業を行った。具体的には，中学生の思考力・判断力の質的転換期と想定される「中学校2年生後半から3年生」に対して，社会認識力育成型授業に係る①帰納的推論能力育成授業と②演繹的推論能力育成授業，および③社会的判断力育成型授業，④批判的思考力育成型授業の4類型のどれがこれらの時期に最も効果があるのかについて検証した。

I　社会的思考力・判断力の発達を促進する実験的授業

1．研究目的

これまで社会科学力としての社会的思考力・判断力を構成する能力として，事実判断力，帰納的推論能力，演繹的推論能力，社会的判断力，批判的思考力の5つを措定し，横断的・縦断的発達調査を行ってきた。その結果，中学生の社会的思考力・判断力の発達仮説として，以下の2点が明らかになった。

①中学生の社会的思考力・判断力（特に帰納的推論能力，演繹的推論能力，社会的判断力，批判的思考）は，学年進行に伴って高くなり，特に2年生後半から3年生にかけて伸長する傾向が見られること。

②社会的思考力・判断力を構成する諸能力は互いに独立する能力ではなく，相互に関連しあう能力であること。

　そこで第5章では，中学生の社会的思考力・判断力の質的転換期（適時性）と想定される「中学校2年生後半から3年生」に対して，それらの能力の形成をめざした授業を行い，社会科教育としての働きかけの適切性について検討する。具体的には，社会認識力育成型授業に係る①帰納的推論能力育成授業と②演繹的推論能力育成授業，および③社会的判断力育成型授業，④批判的思考力育成型授業の4類型のどれがこれらの時期に最も効果があるのか，また発達を促す指導方略はどのようなものかについて実験的授業を通して明らかにする。

2．研究方法

（1）方法

　中学校2年生後半から3年生にかけて，社会的思考力・判断力にかかわるプリテスト（レディネステスト），実験的授業（社会的思考力・判断力育成授業），ポストテスト（授業効果検討テスト）を実施した。プリテストは前述した社会的思考力・判断力を構成する諸能力を測るもので，第3章および第4章の発達調査で用いたものと同様の問題である（巻末の資料1を参照）。ポストテストは4類型の社会的思考力・判断力育成授業の実施後に行うが，授業効果を検討するテストであることから後述するような方法で実施した。テストはいずれも質問紙による選択肢と自由記述問題からなる。

（2）対象者

　島根県下の中学校1校に通う1学年（139名）4クラスを対象にした。内訳は，実験クラス（34名），比較クラス1（35名），比較クラス2（35名），比較クラス3（35名）であった。

（3）時期と手続き

　実験的授業の対象となる生徒が2年生後半の時期（2014年3月）に，社会

的思考力・判断力のプリテストを実施した。３年生の初期（2014年５〜６月）
に４類型からなる実験的授業を同一教員が４クラスで行い，授業後にポスト
テストを実施した。作成したテストについては協力校の校長から承諾を得た
後，学校を通じて実施した。プリテストとポストテストに回答した各生徒の
質問紙の対応づけには，調査校の決定したID番号を使用した。

Ⅱ　実験的授業（教授書）とポストテストの開発

　実験的授業を可能な限り円滑に実施するために，筆者ら（本書執筆者４名）
と授業協力校の中学校社会科教諭（授業者と２名の授業協力者）の７名からな
る研究チームを組織し，授業計画・実施・分析を必要に応じて共同，分担し
て行った。
　実験的授業のための教授書とポストテストの開発は，発達の質的転換期に
合致することと，授業実施校の年間計画・授業進度等にできるだけ無理が生
じないことを観点に，第３学年５月期の歴史的分野単元である「太平洋戦
争」を対象に定めた。
　発達研究としての教授書とポストテストの開発の観点は，次の３点である。
第１に，授業で獲得した知識の量が，ポストテストの回答にできるだけ影響
しないように，実験的授業（教授書）とポストテストは「太平洋戦争」につ
いての視点・対象・内容を変えること。第２に，ポストテストの問題で使用
する資料は，生徒が資料内の事実の確定に時間をとられすぎないように，授
業で使用する資料よりも事実・データ量を精選すること。第３に，ポストテ
スト結果の統計的な分析・評価の観点を明確にするために，４類型のテスト
問題で使用する資料は各２種類とすることである。

１．単元「太平洋戦争」の教授書開発

　上記の観点を踏まえ，まず，授業の４類型の目標（育成をめざす社会的思考

力・判断力）と合致する授業を論理的に構成し「教授書（第一次試案）」にまとめた。その際，生徒の実態を踏まえながら授業を展開する実践者を考慮して，選択の余地のある教授・学習用資料をできるだけ多く収集した「資料集」を併せて作成した。第一次試案は，実験的授業の授業者とそれを支援する2名の授業協力者により，生徒の実態と7単位時間での4類型の実践の完了を考慮して再構成された。そして，「資料集」から授業で実際に用いる教授・学習用資料の選択と加工が行われ，「教授書（第二次試案）」としてまとめた。その後，第二次試案について，筆者らと授業協力校の3名の教諭で，授業の仮説・論理・実践の手立てを観点に協議し，再々構成して授業にかける「教授書（第三次試案：成案）」を完成させた。

　開発した教授書の対象・内容は，「太平洋戦争」の政治史・戦局史である。そして，教授書は，社会的思考力・判断力育成の授業の4類型に対応させた以下の4つのパートを，7単位時間で完了できるように作成した。表5-1は開発した教授書（試案）の実際である。

　4つのパートの能力目標は，次の通りである。

（1）パートⅠ：日本が対米英戦争に踏み切った判断の根拠を，資料にもとづいて筋道を立てて説明することを通して，帰納的推論能力を育成する。

（2）パートⅡ：「総力戦体制」の定義を，①戦時指導体制，②戦時経済体制，③国民動員体制，④国民精神の動員の4つの観点から捉え活用して，戦時下の国民生活に関する図版や人々の語りがもつ意味を説明することを通して，演繹的推論能力を育成する。

（3）パートⅢ：「原爆投下の責任は誰が負うべきなのか。」という歴史的論争問題について，事実にもとづく根拠を明確にしながら討論することを通して，社会的判断力を育成する。

（4）パートⅣ：1941年12月7日から1945年9月2日まで日本が進めた戦

争の3つの呼称と関連する歴史記述（教科書記述）を，問題意識・事
実・解釈・価値の結びつきを視点に吟味し，「歴史を書くこと」「歴
史を理解すること」の意味を説明することを通して，批判的思考力
を育成する。

2．ポストテストの開発

　ポストテスト問題は，「太平洋戦争」の社会史・生活史を対象・内容とし
て，授業の4類型に対応する4題を作成した。各問題には原則2種類の資料
を配置した。問題作成は，教授書開発に準じて，次の手順を踏んだ。①4つ
の社会的思考力・判断力を評価する4問題の第一次試案を，各問題に原則2
種類の資料を配置して論理的に作成する。②授業の仮説・論理・生徒の実
態・テストの実施時期等を観点に協議し，第一次試案を再構成しながら第二
次試案を得る。③発達調査のためのポストテスト問題としての妥当性につい
て，主として研究チームの発達心理学者から助言を受け，第三次試案（成案）
を作成する。帰納的推論テスト（問題1），演繹的推論テスト（問題2），社会
的判断テスト（問題3），批判的思考テスト（問題4）の4題からなるポスト
テストの実際については，巻末の資料5を参照されたい。

表5-1　小単元「太平洋戦争」教授書（試案）

1．対象教科・分野（時間配当）と単元の位置づけ

　　中学校社会科歴史的分野（7単位時間）

　　中学校学習指導要領（平成20年3月改訂）・社会・歴史的分野　内容（5）近代の日本と世界のうち，「カ」

2．単元の目標（能力目標）

（1）日本が対米英戦争に踏み切った判断の根拠を，資料にもとづいて筋道を立てて説明することを通して，帰納的推論能力を育成する。

（2）「総力戦体制」の定義を，①戦時指導体制，②戦時経済体制，③国民動員体制，④国民精神の動員の4つの観点から捉え活用して，戦時下の国民生活に関する図版や人々の語りがもつ意味を説明することを通して，演繹的推論能力を育成する。

（3）「原爆投下の責任は誰が負うべきなのか。」という歴史的論争問題について，事実にもとづく根拠を明確にしながら討論することを通して，社会的判断力を育成する。

（4）1941年12月7日から1945年9月2日まで日本が進めた戦争の3つの呼称と関連する歴史記述（教科書記述）を，問題意識・事実・解釈・価値の結びつきを視点に吟味し，「歴史を書くこと」「歴史を理解すること」の意味を説明することを通して，批判的思考力を育成する。

3．授業計画

パート	教師の指示・発問・説明	教授・学習活動	資料	生徒の応答・学習内容
I 帰納的推論授業 配当2時間	◎日本とアメリカとの間には圧倒的な戦力差があることは分かっていたはずなのに，日本はなぜ開戦に踏み切ったのか。	T．パートIの学習問題の提示		
	御前会議来る（1941年9月6日）。御前会議において，「開戦やむなし」を筋道を立てて説明できるか。	T．発問する	1	・国際情勢（ヨーロッパ情勢，対ソ連関係，対米英関係），国内政治，開戦の大義名分，国民生活・国民意識，日米戦力差等の観点を立てる。

○日本とアメリカの戦力の差は，どのようであったのか。	T．資料をもとに発問する P．ワークシートにまとめる 発表する	2	・1941年時点において，国内総生産（GDP）：米国は日本の11.8倍。粗鋼生産高：12.1倍。石油生産量：776.8倍。　人口：1.86倍。
○大きな戦力差がある中で，日本の指導者は，なぜ開戦を決断したのか。その理由を，ペアで資料を読み取り，説明してみよう。 ・年表と世界地図を活用して，開戦前の国際情勢を整理してみよう。アジアの情勢はどのようか。ヨーロッパの情勢はどのようか。	T．発問する P．ペアで資料を読み取り，説明するワークシートにまとめる P．クラスに発表する	3 4 5	・1939年，満州・ソ連国境付近での日ソ両軍の衝突（ノモンハン事件）での敗北を機に，日本は「北守南進」策を主張するようになる。 ・1939年第二次世界大戦開始後，ヨーロッパでは，ドイツがフランスを降伏させ，パリを占領した。 ・日本は，フランスが宗主国のインドシナに着目。日独伊三国軍事同盟の締結（1940年），日ソ中立条約の締結（1941年）を通じて本格的に南進が可能になる。 ・日本は石油のほとんどをアメリカからの輸入に頼る→1941年7月，石油資源確保のため，南部仏印へ進駐→米国はこれに対抗し，石油の対日輸出前面禁止。また，ABCD（米英蘭中）包囲をしく。
・大きな戦力差がある中で勝利を得るには，短期決戦しかないだろう。「短期決戦」「緒戦の勝利にかける」をめざした日本の指導者は，次の①〜④を，どのように解決していったのだろうか。資料から読み		6	①1937年9月から，特別会計として「臨時軍事費」を計上した。1940年の陸海軍省費・徴兵費は79億円，太平洋戦争開戦時までに使われた「臨時軍事費」は，256億円（現在の貨幣価値に換算すると，20兆4800億円）。

	取ってみよう。 ①資金や軍需品の調達 ②頼みのドイツへの期待 ③開戦の理由づけ ④国民の意識高揚		7	②緒戦の勝利によりアメリカの出鼻をくじく。ヨーロッパ戦線でドイツがソ連・イギリスを破れば，アメリカは戦争継続の意欲を無くし，和平に応じるであろうとのドイツ頼みの戦略を描く。
			8	③1941年12月，東条内閣は，「対米英戦争は，支那事変を含めて「大東亜戦争」と呼称する」ことを閣議決定した。「大東亜戦争」は，自存自衛と欧米列強からのアジア解放のための戦争であるとして正当化した。
			9	④日中戦争開始のころから，国民の生活と意識を戦争に駆り立てる体制ができていた。 1938年，国家総動員法 1940年，大政翼賛会，など
	◎日本とアメリカとの間には圧倒的な戦力差があることは分かっていたはずなのに，日本はなぜ開戦に踏み切ったのか。	T．発問する P．「御前会議での意見書」としてまとめる		
Ⅱ 演繹的推論授業 配当2時間	◎「総力戦体制」の定義を活用して，戦時下の国民生活に関する図版や人々の語りがもつ意味を説明してみよう。	T．パートⅡの学習問題の提示		
	○日中戦争・太平洋戦争は，日本にとり「総力戦」として遂行された。 ・総力戦とは何か。 ・総力戦体制とはどのよ	T．資料をもとに説明する。「総力戦体制」の概念図を黒板に	10 11	・総力戦とは，「国家・国民の物質的精神的全能力を動員結集して，これを国家の総力として戦争に臨むこと」である。

うなものか。	貼る		・日本の総力戦体制とは，万世一系の天皇をいただく国家の優秀性を価値として（国体論），非常時に対応したＩ戦時指導体制，Ⅱ戦時経済体制，Ⅲ国民動員体制，Ⅳ国民精神の動員体制から成っていた。
○「総力戦体制」の定義を活用して，戦時下の国民生活に関する図版や人々の語りが，「国をあげて戦争に向かうため」にもったねらいや意味を説明してみよう。	T.　発問する P.　答える		
・次の６つの戦争中の事象は，「総力戦体制」の４つの体制のどれにあてはまるか。 ①大政翼賛会 ②切符による配給制 ③物資の供出 ④農村青年と学生 ⑤勤労動員 ⑥子どもに人気の漫画映画『桃太郎 海の神兵』			・戦時指導体制：① 　戦時経済体制：②③ 　戦時動員体制：④⑤ 　国民精神の動員体制：⑥
・①～⑥は，「国をあげて戦争に向かうため」にどのようなねらいや意味を持ったか，資料をもとに説明してみよう。	T.　発問する P.　資料をもとに考え，ワークシートにまとめる P.　クラスに発表する	12 13 14	①ほとんどの政党や政治団体を解散して大政翼賛会にまとめ，議会に戦争遂行を後押しする役割を担わせた。 ②配給制は，戦争遂行に限られた資源を集中させるために，国民生活に必要な物資を統制した。 ③日本では太平洋戦争が始まると資源不足が深刻化し，政府により金属製品

				など様々な資源を国民を上げて供出することが呼びかけられた。
			15 16	④厳しい農作業に耐え，精神と身体が頑強で，兵士としての出世にも意欲を持っていた農村青年は，兵士の主たる供給源であった。文系学生の学徒動員が決定されたのは，戦局悪化にともなう兵員の不足を補うためであったが，理系学生は軍事技術や兵器の開発にあたるために徴兵猶予が続けられた。
			17	⑤国内の労働力が不足したため，生徒・学生が軍需工場に動員された。若い女性も挺身隊に組み込まれ動員された。
			18	⑥「桃太郎」は，鬼（英米）を退治する勇ましい理想の日本男児というイメージを植え付けるために，子ども向けの漫画に多く取り上げられた。
Ⅲ 社会的判断授業　配当2時間	◎原爆投下の責任は誰が負うべきなのか。 1．米国のトルーマン大統領が負うべき。 2．日本の戦争指導者が負うべき。 3．その両方に責任があると考えるが，米国の方により重い責任がある。 4．その両方に責任があると考えるが，日本の方により重い責任	T．パートⅢの学習問題の提示		

がある。 5．その他の考え方がある。			
クラスで徹底討論「原爆投下の責任は誰が負うべきなのか。」			
○1945年8月6日の広島，8月9日の長崎で何が起こったのか。	T．資料をもとに説明する	19 20	・原爆による死没者数は，1945年末までに広島・長崎両市で約21万人と推定されている。その他，物質的・文化的・精神的被害甚大。
○皆さんは，資料19や資料20から，どんな思いを持ちましたか。	T．発問する P．答える		・原爆投下への怒り，悲しみ，疑問など
○アメリカ大統領トルーマンは，なぜ原爆投下を決定したのか。 ・トルーマンは，原爆投下をどのように正当化しているのか。	T．発問する P．資料をもとに答える	21	・日本の降伏を早め，百万人もの米軍兵士の命を救うために，米軍はやむなく原爆を投下した。そのおかげで結果的に数百万人の日本人の命も救われた。
・1944年7月にサイパン島を陥落させて以降，連合軍の勝利は動かない状況だった。なぜトルーマンは実験に成功して間もなしで，しかも連合国の作戦外の原爆の使用を急いだのか。米ソを中心とする国際関係を視点に考えてみよう。	T．発問する P．資料をもとに答える	22	・日本との戦争の終結に重要な役割を果たしたソ連が戦後の国際社会で主導権を握ることを阻止するために，ソ連の参戦ぬきでの戦争終結を急いだ。
○サイパン島が陥落して以後終戦までに日本側の戦いについて，どのようなことが言えるか。			

		・戦死者数について，どのようなことが言えるか。	T.　発問する P.　資料をもとに説明する	23	・1944年7月のサイパン陥落以降終戦までに，日本側の戦死者数は激増している。
		・日本の戦争指導者の間には，サイパン陥落以降で戦争を止めるという意見はなかったのか。	T.　説明する	24	・1945年2月近衛上奏文。共産革命による天皇制の崩壊を回避するためにも，ただちに戦争の終結に踏み切るべきことを上奏した。
		○日本は原爆投下によって降伏したのか。	T.　年表をもとに説明する	25	・日本政府は，当初ポツダム宣言を「黙殺する」という態度をとっていた。原爆投下後，ポツダム宣言受諾の政治的決断（8月10日）に最も影響したのは，ソ連の対日参戦通告であった。
		◎原爆投下の責任は誰が負うべきなのか。 ・「C.　主張，D.　資料・事実，W.　理由づけ」から成るワークシートに自分の判断をまとめなさい。 ・グループで話し合いなさい。 ・グループで出た意見を整理して，クラスに発表しなさい。	T.　発問する P.　資料や学習した知識をもとに，ワークシートに意見を書く P.　グループで話し合う T.　指示する P.　資料や学習した知識をもとにクラスで討論する		
Ⅳ　批判的思考授業　配当1時間		◎「歴史」を書くとはいかなることか。「歴史」を理解するとはいかなることか。1941年12月8日から1945年9月2日まで日本が進めた戦争の呼称の違いを事例	T.　パートⅣの学習問題の提示		

に説明してみよう。			
○1941年12月8日から1945年9月2日まで日本が進めた戦争には、「大東亜戦争」「太平洋戦争」「アジア太平洋戦争」の3つの名称がある。 　3つの名称の使い方の違いは何か。			
・戦中の歴史教科書では、どのような名称を用いているか。	T．発問する	26	・大東亜戦争
・戦後すぐに作られた「くにのあゆみ」では、どのような名称が用いられているか。	P．教科書記述をもとに答える	27	・太平洋戦争
・沖縄県の中学校で用いられている歴史副読本では、どのような名称が用いられているか。		28	・アジア太平洋戦争
・3つの名称には、どのような背景があるか。	T．説明する		・「太平洋戦争」という名称は、連合国占領期に連合国軍最高司令官総司令部（GHQ）の占領政策で当時の日本側の正式名称であった「大東亜戦争」を「太平洋戦争」へ強制的に書き換えさせる検閲によって定着した名称である。「アジア太平洋戦争」の名称は、この戦争が米国だけでなく中国・東南アジアを含む戦争であったことを正しく反映させることを理由にして、1980年代に提唱され用いられるようになった。

○3つの教科書は，それぞれの時代や使用された地域において，1941年12月8日から1945年9月2日まで日本が進めた戦争について，どのように評価し記述しているか。 ①戦時中に使用された国定教科書 ②戦後すぐに使用された「くにのあゆみ」 ③沖縄県の中学校で用いられている歴史副読本	T．発問する P．教科書記述をもとに答える	26 27 28	①自存自衛と欧米帝国主義勢力からのアジア解放のための戦争という評価により記述していると考えられる。 ②GHQが指示した呼称である「太平洋戦争」を用いて，「わが国にとって無理な戦争であった」と評価している。 ③中国や東南アジアを侵略し，沖縄を「本土防衛」「国体護持（天皇制維持）」のための「捨て石」とした侵略戦争という評価により記述していると考えられる。	
○「大東亜戦争」という用語と「アジア太平洋戦争」という用語は，1941年12月8日から1945年9月2日まで日本が進めた戦争についての評価とどのような関係があると言えるか。	T．発問する P．教科書記述をもとに答える		・現在において「大東亜戦争」を主に用いる場合は，1941年12月8日から1945年9月2日まで日本が進めた戦争を肯定的に評価していることが多い。「アジア太平洋戦争」を用いる場合は，先の戦争を否定的に評価している場合が多い。	
◎それぞれの教科書には，1941年12月8日から1945年9月2日まで日本が進めた戦争について，ひとつの「歴史」が記述されている。 そして，それらの記述の違いは，先の戦争の評価と関わっていた。 そもそも，「歴史」を書くとはいかなることか。「歴史」を理解するとはいかなることか。	T．概念図を説明し，発問する P．概念図をもとに答える	29	・「歴史を書く」とは，歴史の書き手・語り手が問題意識にもとづいて事実と解釈（因果・意味・影響など）および評価を構成することである。 ・「歴史を理解する」とは，歴史記述の問題意識・事実・解釈・評価のつらなりを吟味することを通して，自分なりの歴史像をつくり出すことである。	

	先の戦争の呼称の違い を事例に説明してみよ う。		

〔教授・学習用資料出典〕

1．写真資料「御前会議」，『アサヒグラフ』朝日新聞社，1943年 5 月19日号より抜粋。
2．統計資料「日米の経済格差」，吉田裕『アジア・太平洋戦争』岩波新書，2007年，p.30より筆者作成。
3．年表「開戦までの流れ1939～1942年」，全国中学校社会科教育研究会編『歴史資料集』[1)]新学社，p.157。
4．地図「南方への進攻」，『週刊朝日百科　日本の歴史110　太平洋戦争』朝日新聞社，2004年，pp.(11)303-304。
5．統計資料「石油の需要供給の推移」，同上書，p.(11)299。
6．統計資料「開戦のための臨時軍事費」，吉田裕前掲書，pp.30-31より筆者作成。
7．地図「ヨーロッパ戦線」，全国中学校社会科教育研究会編前掲書，p.156。
8．文字資料「名称としての大東亜戦争」，有馬学『帝国の昭和』講談社学術文庫，2010年，pp.280-281より抜粋。
9．文字資料「国民生活の統制」，全国中学校社会科教育研究会編前掲書，p.155。
10．文字資料「総力戦の定義」，纐纈厚『総力戦体制研究』三一書房，1981年，p.12より抜粋。
11．概念図「日本の総力戦体制」，筆者作成。
12．写真資料「大政翼賛会」，全国中学校社会科教育研究会編前掲書，p.155。
13．写真資料「切符による配給制」，同上書，p.158。
14．写真資料「金属製品の供出と代用品の工夫」，同上書，p.158。
15．文字資料「山形県出身兵士の手紙から」，吉見義明『草の根のファシズム』東京大学出版会，1987年，pp.107-108。
16．写真資料「学徒出陣」，全国中学校社会科教育研究会編前掲書，p.159。
17．写真資料「勤労動員」，同上書，p.159。
18．動画資料「桃太郎　海の神兵」VHS動画。
19．写真資料「ヒロシマ・ナガサキ」，猿谷要他編『写真記録アメリカの歴史　第 3 巻　アメリカ合衆国の世紀1917～1960』ほるぷ出版，1998年，pp.145-148から抜粋。
20．統計資料「原子爆弾による被害」，全国中学校社会科教育研究会編前掲書，p.161。
21．文字資料「原爆投下に対するアメリカの考え」，ジェームズ・M・バーダマン，村田薫編『アメリカの小学生が学ぶ歴史教科書』ジャパンブック，2005年，p.221より要約。
22．文字資料「外交戦争の最初の大作戦」，P.M.S. ブラケット（田中慎次郎訳）『恐怖・戦争・爆弾』法政大学出版局，1953年より要約。
23．統計資料「1943～45年の主な玉砕」，『週刊朝日百科　日本の歴史111　敗戦と原爆投下』朝日新聞社，2004年，p.(12)19。
24．文書資料「近衛上奏文」，吉田裕前掲書，p.206より抜粋。
25．年表「太平洋戦線の動き」，全国中学校社会科教育研究会編前掲書，p.161。
26．文字資料「戦中の国民学校歴史教科書　昭和の大御代」，『初等科國史　下巻』大阪書籍，1943年，pp.186-187。
27．文字資料「戦後の小学校歴史教科書　太平洋戦争」，『くにのあゆみ』日本書籍，1946年，pp.50-51。
28．文字資料「沖縄をよく知るための歴史教科書　アジア太平洋戦争」，新城俊昭『ジュニア版琉球・沖縄史』東洋企画，2008年，p.241。
29．概念図「歴史を書く　歴史を理解する」，筆者ら作成。

Ⅲ　実験的授業Ⅰの計画と実施

1．プリテストの計画と実施

　実験的授業Ⅰ（第6章で行う実験的授業Ⅱと区別するため，以下は「実験的授業Ⅰ」と呼ぶ）の4類型およびポストテスト4題に対応するプリテストとして，資料1（資料2は評価基準と模範回答例）に示す「中世の武士」をテーマとした調査問題のうち，帰納的推論テスト（問題3-1），演繹的推論テスト（問題3-2），社会的判断テスト（問題2），批判的思考テスト（問題4）の4題を活用する。プリテストは2014年3月17日（月）・18日（火）に，調査対象となる2年生4クラス139名に対して4題40分の回答時間をとって実施した。プリテストは，第2学年末の段階で，諸能力がどの程度までのレベルに達しているのかを把握することを目的とする。

　なお本来であれば，プリテストは「太平洋戦争」をテーマとしたポストテストと同じ問題で実施すべきであろう。それを「中世の武士」をテーマとした問題で実施した理由は，テーマが「太平洋戦争」の場合，内容について未習の生徒たちに大きな負担をかけることへの教育的配慮と，プリテストとポストテストの問題の内容と資料が異なっても，プリテストの目的である生徒の諸能力形成の現況を測ることが可能であるとの判断によるものである。

2．実験的授業Ⅰおよびポストテストの計画と実施

　実験的授業Ⅰ（7単位時間）とポストテストを，2014年5月19日（月）〜6月10日（火）までの期間に，3年生4クラス139名に対して実施した。実施前の準備として，授業実施校の3名の社会科教諭のコーディネートにより協力校教務部との連絡調整を行い，実験的授業期間中の特別時間割を作成する協力を得た。そして，実験的授業期間中の特別授業者が担任するクラスを

表5-2　実験的授業Ⅰの実施計画

時数	授業	時数	授業	時数	授業	時数	授業	ポストテスト
						1	批判	
				1	批判	2	判断	
		1	批判	2	判断	2	演繹	
1	批判	2	判断	2	演繹	2	帰納	授業後に批判的思考テストを実施（4クラス）
2	判断	2	演繹	2	帰納			授業後に社会的判断テストを実施（4クラス）
2	演繹	2	帰納					授業後に演繹的推論テストを実施（4クラス）
2	帰納							授業後に帰納的推論テストを実施（4クラス）
実験クラス		比較クラス1		比較クラス2		比較クラス2		

(凡例) 帰納：帰納的推論授業，演繹：演繹的推論授業，判断：社会的判断授業，批判：批判的思考授業

「実験クラス」とし，その他の3クラスを「比較クラス」とした。

　ポストテストは，授業に合わせて4問題を別々に各10分の回答時間で行うこととした。実験的授業とポストテストの流れは，表5-2に示す通りである。ポストテストは授業実施後に行うが，授業を受けていないクラスはおよその時期を揃えることに配慮した。実験クラスと3つの比較クラスは，4類型の授業をひとつの型ずつずらして実践する一方で，ポストテストは実験クラスの授業類型の実施ごとに当該類型のポストテストを4クラス同一に行うこととした。例えば，実験クラスについて言えば，帰納的推論授業50分×2コマ→帰納的推論テスト10分→演繹的推論授業50分×2コマ→演繹的推論テスト10分→社会的判断授業50分×2コマ→社会的判断テスト10分→批判的思考授業1コマ→批判的思考テスト10分という流れになる。比較クラス1は，帰納的推論テスト10分→帰納的推論授業50分×2コマ→演繹的推論テスト10分→

演繹的推論授業50分×2コマ→社会的判断テスト10分→社会的判断授業50分×2コマ→批判的思考テスト10分→批判的思考授業50分×1コマという流れになる。そうすることにより，特定の能力形成をめざす授業とその授業効果を実証するデータを得ることができると考えた。実験クラスと比較クラスに対する教育的配慮として，どのクラスにも同じ授業内容を担保することに加え，比較クラスの生徒には授業を受けていない内容のテストに対応しなければならないことへの理解を得るため，教科担任の授業者を通じて本実験的授業の目的について事前説明を行った。

Ⅳ　実験的授業Ⅰの分析と結果

1．分析の手順

　社会的思考力・判断力育成授業の4類型に対応した4つのポストテスト問題について，生徒の回答内容を評価基準にもとづく4レベルで評価・分類し，その量的データを回帰分析等の手法で処理する。ポストテストの評価基準と模範回答例については資料6に示した。

2．分析の結果

　はじめに，ポストテストの評価を連続変量とみなし，分散分析を使用して比較検討を行った（図5-1）。その結果，ポストテストの種類間で統計的な有意差がみられ（$F(3, 360) = 7.59, p < .001$），帰納的推論テストと社会的判断テストの得点が演繹的推論テストや批判的思考テストの得点よりも高かった。クラスとポストテストの組み合わせによる違いを検討したところ，統計的な有意差は認められなかった。しかし，図5-1をみると，批判的思考テストでは，実験クラスの得点が最も高く，次いで比較クラス1が二番目に高く，比較クラス2と3の得点が相対的に低い傾向にあった。社会的判断テストでも

類似の得点傾向がみられた。

　前述したように実験的授業を実施する約 2 カ月前に「中世の武士」をテーマにしたプリテストを実施し，各クラス間の回答レベルに統計的な有意差が認められないことを確認している。さらに，「中世の武士」をテーマにした問題における回答レベルを統計的に統制して分析した場合でも，図 5-1 の得点傾向は維持されていた。したがって，今回の結果において認められたクラス間の得点傾向の違いには，実験的授業による実践がある程度影響していると考えられた。

　そこで，批判的思考テストと社会的判断テストのそれぞれの回答レベルと既習授業内容の関連性を検討するために χ^2 検定を行った。その際，図 5-1 の社会的判断テストの得点傾向から，直前の授業内容以外の授業内容も回答レベルに関与している可能性が考えられたため，以下のような分析を行った。すなわち，批判的思考テストの回答レベルについては，演繹的推論授業，社会的判断授業，批判的思考授業の実践が関連するか否かを検討した。

　社会的判断テストの回答レベルについては，帰納的推論授業，演繹的推論授業，社会的判断授業の実践が回答レベルの違いに関連するか否かを検討した。批判的思考テストについて 3 種類の χ^2 検定を行ったところ，いずれの検定でも統計的に有意な違いは見出されなかった（表5-3）。しかし，各レベル

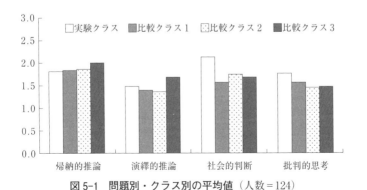

図 5-1　問題別・クラス別の平均値（人数＝124）

表5-3　既習内容クラス別の批判的思考テストにおける各レベルの人数（比率）

クラス	レベル0	レベル1	レベル2	レベル3	検定結果
演繹・未習クラス	2 (6.1%)	14 (42.4%)	17 (51.5%)	0 (0.0%)	*n.s.*
演繹・既習クラス	6 (6.1%)	38 (38.4%)	46 (46.5%)	9 (9.1%)	
判断・未習クラス	4 (6.0%)	31 (46.3%)	30 (44.8%)	2 (3.0%)	*n.s.*
判断・既習クラス	4 (6.2%)	21 (32.3%)	33 (50.8%)	7 (10.8%)	
批判・未習クラス	7 (7.1%)	42 (42.4%)	46 (46.5%)	4 (4.0%)	*n.s.*
批判・既習クラス	1 (3.0%)	10 (30.3%)	17 (51.5%)	5 (15.2%)	

表5-4　既習内容クラス別の社会的判断テストにおける各レベルの人数（比率）

クラス	レベル0	レベル1	レベル2	レベル3	検定結果
帰納・未習クラス	2 (6.1%)	13 (39.4%)	10 (30.3%)	8 (24.2%)	*n.s.*
帰納・既習クラス	4 (4.0%)	32 (31.7%)	40 (39.6%)	25 (24.8%)	
演繹・未習クラス	3 (4.5%)	24 (35.8%)	27 (40.3%)	13 (19.4%)	*n.s.*
演繹・既習クラス	3 (4.5%)	21 (31.3%)	23 (34.3%)	20 (29.9%)	
判断・未習クラス	5 (5.0%)	38 (37.6%)	40 (39.6%)	18 (17.8%)	$\chi^2(3) = 10.49$, $p < .05$
判断・既習クラス	1 (3.0%)	7 (21.2%)	10 (30.3%)	15 (45.5%)	

　の人数比率をみると，演繹的推論授業，社会的判断授業，批判的思考授業を受けた生徒は，これらの授業をまだ受けていない生徒よりも相対的にレベル3と評定される者が多く，レベル1と評定される者が少ないことがわかる。さらに，社会的判断授業と批判的思考授業を受けた生徒は，レベル2と評定

される者も多かった。

　社会的判断テストについて，同様の分析を行ったところ（表5-4），社会的判断授業を受けたか否かによって回答レベルに統計的な有意差が認められ（$\chi^2(3) = 10.49$, $p < .05$），社会的判断テストでレベル3と評定された生徒は，社会的判断授業を受けた者が多く，受けていない者が少なかった。演繹的推論授業についても，統計的な有意差はみられていないが，同様の人数比率がみられた。一方，レベル2とレベル1と評定された生徒の人数比率をみると，演繹的推論授業や社会的判断授業を受けていない生徒の比率が相対的に高かった。

V　思考力・判断力の発達を促進する指導方略

　本研究の目的は，中学生の社会的思考力・判断力の発達仮説を踏まえ，発達を促進する教育的働きかけの適時性と適切性について検討することにあった。実験的授業の結果から以下のことが明らかになった。

　まず，批判的思考テストと社会的判断テストでは実験クラスの得点が最も高い傾向にあることから，帰納的推論や演繹的推論にくらべ，授業において社会的判断や批判的思考を実際に経験すると学習効果が高いことが示唆された。次に，批判的思考テストの回答レベルが高かった生徒は，演繹的推論能力や社会的判断力，批判的思考力を育成する授業を受けた者に多く見られたことから，批判的思考力育成と演繹的推論や社会的判断の学習経験との関係性が示唆された。また同様に，社会的判断テストの回答レベルが高かった生徒は，演繹的推論能力や社会的判断力を育成する授業を受けた者に多く見られたことから，社会的判断力育成と演繹的推論や社会的判断の学習経験との関係性も示唆された。

　分析結果より，この時期の中学生の社会的思考力・判断力の発達を促す指導方略について，以下のようにまとめることができる。

　中学校 2 年生から 3 年生の時期に，社会的判断や批判的思考を実際に経験することによって社会的判断力や批判的思考力を育成することができる。また，社会的判断力育成には演繹的推論の育成が，批判的思考力育成には演繹的推論や社会的判断の育成がその基盤となる。

【注】

1 ）全国中学校社会科教育研究会編『歴史資料集』新学社版は，実験的授業の協力校で採択され，生徒が使用している資料集である。

（加藤寿朗）

第6章　批判的思考力の発達を促進する授業仮説

第6章では，思考力・判断力の発達の質的転換期である中学校2年生後半から3年生の時期に，「批判的思考力」を育成するためには，「帰納的推論能力」，「演繹的推論能力」，「社会的判断力」のどの能力に焦点化しながら授業を構成することが効果的なのかについて実験的授業を通して検証する。またその結果を踏まえ，歴史授業における批判的思考力の発達を促進する教育的働きかけとしての指導方略を，社会科授業仮説として設定する。

I　批判的思考力の発達を促進する実験的授業

1．研究目的

　中学生の社会的思考力・判断力の発達に焦点をあてた発達調査の分析・評価から，中学生において社会的思考力・判断力は，「中学校2年生後半から3年生」にかけて，他の時期よりも著しく伸長することが示唆された。また，社会的思考力・判断力の5つの構成要素は独立しているのではなく，相互に関連することが明らかになった（第3章，4章）。そこで，中学生の社会的思考力・判断力の急速な伸長期と想定される「中学校2年生後半から3年生」において，どのような教育的働きかけが社会的思考力・判断力の促進に有効であるのかを検討するため，構成要素の関連性に焦点を当てた実験的授業を実施した。調査結果の分析・評価から，この時期の中学生の社会的思考力・判断力の発達を促す教育的働きかけにおいて，社会的判断力や批判的思考力を実際に活用することで該当する構成要素の促進が認められた。また，構成要素間の関連性について，社会的判断力には演繹的の推論能力が，批判的思考

力には演繹的推論能力や社会的判断力が，それぞれ基盤となっていることも示唆された（第5章）。

　これらの研究成果を踏まえて，本章では次の2つの研究課題を設定し，実験的授業を通して検証していきたい。

　第1の課題は，社会的思考力・判断力の5つの構成要素間の関連性から，中学生にとって最も抽象度が高く高次の能力と言える「批判的思考力」の発達を促すための教育的働きかけとして，帰納的推論能力，演繹的推論能力，社会的判断力のどの構成要素に焦点化した授業構成が効果的なのかを，歴史的分野の実験的授業を通じて明らかにすることである。

　第2の課題は，実験的授業から得られたデータの分析・評価にもとづいて中学生の批判的思考力の発達を促進する教育的働きかけについての社会科授業仮説を設定することである。

2．研究方法

　本研究では社会的思考力・判断力を措定するにあたり，実際の授業において，生徒は，学習問題（問い）に対する資料活用を踏まえた思考・判断の結果として知識を習得していることから，問いと社会的思考力・判断力および知識を相互の結びつきとして捉えた。そして，社会的思考力・判断力は，事実判断力，帰納的推論能力，演繹的推論能力，社会的判断力（価値判断・意思決定力），批判的思考力の5つの構成要素からなると規定した（社会的思考力・判断力の規定については第2章を参照）。

　社会的思考力・判断力の発達においては，5つの構成要素は並列的に関連するのではなく，階層的関連性があると仮定している。即ち，最も高次の批判的思考力は，低次の演繹的推論能力や社会的判断力の発達によって促進される可能性が高い。そこで，この可能性を検証するため，実験的授業において4つの群を構成した（表6-1で詳述）。この4群間の比較を通して，「演繹的推論授業→社会的判断授業」の実施が批判的思考力を促進するか（実験群），

「社会的判断授業のみ」の実施が批判的思考力を促進するか（比較群 1），「社会的判断授業→演繹的推論授業」の実施が批判的思考力を促進するか（比較群 2），「演繹的推論授業のみ」の実施が批判点的思考力を促進するか（比較群 3），を明らかにする。構成要素間の明確な因果関係を明らかにするには構成要素の有無を組み合わせて実験群と比較群を比較することが望ましい。しかし，構成要素なしの比較群を設定することは，教育的配慮を欠くことから，本研究では，構成要素の順序性の異なる 4 群を設定して群間比較を行う準実験的な方法を採用した。

（1）方法

　社会的思考力・判断力（帰納的推論能力，演繹的推論能力，社会的判断力，批判的思考力）を育成する実験的授業（7 単位時間）を 4 つの異なる授業展開で実施した。授業終了後に授業内容に合わせた諸能力を測る評価テストを実施した。テストは質問紙法による選択肢と自由記述問題からなる。

（2）対象者

　徳島県下の中学校 1 校に通う第 3 学年（144〜148名）4 クラスを対象とした。内訳は，実験クラス（37名），比較クラス 1 （38名），比較クラス 2 （34〜36名），比較クラス 3 （35〜37名）であった。

（3）時期と手続き

　2017年 6 月20日（火）〜 7 月 3 日（月）までの期間に実施した。本調査の目的と方法，および実験的授業と評価テストの内容について調査協力校の校長から承諾を得た後，授業を実施する社会科教諭との連絡調整を行い，実験的授業期間中の特別時間割を作成する協力を得た。なお，実験クラス（以下は実験群）と比較クラス（以下は比較群 1 〜 3 ）に対する教育的配慮として，どのクラスにも同じ授業内容を担保することを授業者と確認した。

Ⅱ　実験的授業Ⅱの計画と実施

1．実験的授業Ⅱの計画

　実験的授業Ⅱの計画にあたり，発達の急速な伸長期（質的な転換期）に合致することと，授業実施校の年間計画・授業進度等にできるだけ無理が生じないことを観点に，第3学年1学期中に実践する歴史的分野小単元「太平洋戦争」を対象に定めた。授業は，①帰納的推論能力育成授業（以下は帰納授業）と②演繹的推論能力育成授業（以下は演繹授業），および③社会的判断力育成授業（以下は判断授業），④批判的思考力育成授業（以下は批判授業）の4類型からなる。評価テストは，実施した授業類型ごとに当該類型に合わせた4問（帰納的推論テスト，演繹的推論テスト，社会的判断テスト，批判的思考テスト）を各10分の回答時間で行った。教授書および評価テスト問題は実験的授業Ⅰで使用したものと同様である（巻末の資料5を参照）。

2．実験的授業Ⅱの実施

　実験的授業と評価テストの実施の流れは，表6-1に示す通りである。実験群は，帰納授業50分×2コマ→帰納テスト10分→演繹授業50分×2コマ→演繹テスト10分→判断授業50分×2→判断テスト10分→批判授業50分×1コマ→批判テスト10分という流れになる。比較群においては，例えば比較群1では，帰納授業50分×2コマ→帰納テスト10分→判断授業50分×2コマ→判断テスト10分→批判授業50分×1コマ→批判テスト10分→演繹授業50分×2コマ→演繹テスト10分という流れになる。このような4つの授業展開の結果を比較・分析することによって，批判的思考力の発達に影響する特定の能力形成をめざした授業の効果に関する実証的データを得ることができると考えた。

表6-1　実験的授業Ⅱの実施計画

実験群	比較群1	比較群2	比較群3
帰納【2】	帰納【2】	帰納【2】	帰納【2】
↓帰納テスト	↓帰納テスト	↓帰納テスト	↓帰納テスト
演繹【2】	判断【2】	判断【2】	演繹【2】
↓演繹テスト	↓判断テスト	↓判断テスト	↓演繹テスト
判断【2】	批判【1】	演繹【2】	批判【1】
↓判断テスト	↓批判テスト	↓演繹テスト	↓批判テスト
批判【1】	演繹【2】	批判【1】	判断【2】
↓批判テスト	↓演繹テスト	↓批判テスト	↓判断テスト

※【　】内の数字は，授業コマ数を示す。
（凡例1）帰納：帰納的推論授業（以下は帰納授業），演繹：演繹的推論授業（以下は演繹授業），
　　　　判断：社会的判断授業（以下は判断授業），批判：批判的思考授業（以下は批判授業）
（凡例2）帰納的推論テストは帰納テスト，演繹的推論テストは演繹テスト，社会的判断テストは
　　　　判断テスト，批判的思考テストは批判テストと略記する（以下も同様）。

Ⅲ　実験的授業Ⅱの分析と結果

1．分析の手順

　社会的思考力・判断力育成授業の4類型に対応した4つの評価テストについて，生徒の回答内容を評価基準にもとづく4レベルで評価・分類し，その量的データを推測統計等の手法で処理した。各得点は0点から3点の範囲にわたる。テストの評価基準については，資料6を参照されたい。

2．分析の結果

　最初に実施した帰納的推論テスト得点が4群間で異なるか否かを検討した結果，4群間に有意差は認められなかった。この結果から，少なくとも社会的思考力・判断力の構成要素である帰納的推論能力は，実験的授業の開始時点では4群間に大差ないと考えられる。さらに，以下の群間比較では帰納的

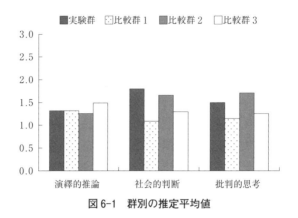

図 6-1　群別の推定平均値

推論得点を共変量とする共分散分析を使用して，授業展開の順序性による効果を明確に検討することにした。

　図 6-1 に帰納的推論得点にもとづいて算出された各得点の推定平均値を示す。分析の結果，社会的判断得点（$F(3, 139) = 6.61$, $p < .001$）と批判的思考得点（$F(3, 142) = 6.51$, $p < .001$）で統計的な有意差が認められた。多重比較（Bonferroni 法）を行ったところ，社会的判断得点では，実験群が比較群 1 や比較群 3 よりも，比較群 2 が比較群 3 よりも高かった。批判的思考得点では，比較群 2 が比較群 1 や比較群 3 よりも高かった。統計的に有意な群間差は認められなかったが，実験群は比較群 1 や比較群 3 よりも相対的に高い値を示した。

　共分散分析の結果と図 6-1 から，実験群と比較群 2 の社会的判断得点や批判的思考得点は，比較群 1 や比較群 3 よりも高く評定されていた。各群の実験的授業の実施計画をみると，実験群と比較群 2 は，批判的思考の授業を受ける前に，演繹的推論と社会的判断の授業を受けている点で共通する。両群の授業の順序は異なるが，演繹的推論授業と社会的判断授業が少なくとも批判的思考力の促進要因となっている可能性が示唆される。

　社会的判断→批判的思考の順に授業を行った群（実験群と比較群 1 の75名）

表6-2　批判的思考に対する各得点の予測力

標準偏回帰係数

帰納的推論	.08	
演繹的推論	.15	†
社会的判断	.37	**
R^2	.20	

R^2は重決定係数を表す。$^\dagger p < .10$, $^{**}p < .01$。

と，逆に批判的思考→社会的判断の順に授業を行った群（比較群3の34名）に分けて，社会的判断と批判的思考の両得点間の相関係数を算出した。その結果，社会的判断→批判的思考の場合は $r = .52$, $p < .01$であり，批判的思考→社会的判断の場合は $r = .21$, $n.s.$ であった。これらの結果から，社会的判断力が批判的思考力の促進要因であると考えられよう。なお，演繹的推論→批判的思考の群（比較群2と3の71名）と逆の批判的思考→演繹的推論の群（比較群1の38名）についても同様の相関係数を算出したが，有意な関連性は見られなかった。

　次に，群を一括して，批判的思考得点に対する帰納的推論，演繹的推論，社会的判断の3得点の予測力を重回帰分析（強制投入法）により検討した。その結果（表6-2参照），社会的判断の批判的思考に対する予測力が統計的に有意となり，演繹的推論も批判的思考を予測する傾向にあることも認められた（$F(3, 139) = 11.83$, $p < .01$, $VIF = 1.06〜1.13$）。つまり，重回帰分析の結果からも，社会的判断力が批判的思考力の発達に主要な役割を果たしていると解釈できよう。

Ⅳ　批判的思考力の発達を促進する社会科授業仮説

　本研究の目的は，中学生の社会的思考力・判断力の発達仮説を踏まえ，発達を促進する教育的働きかけについて実験的授業を通して検討しながら，得

られたデータの分析・評価にもとづいて中学生の批判的思考力の発達を促進する社会科授業仮説を提示することである。ここでは，実験的授業において歴史的分野の内容を取り上げていることから，歴史授業構成のための社会科授業仮説に焦点を当てて検討したい。

　前述したように，これまでの調査結果より，社会的判断力の育成には演繹的推論能力の育成を，また批判的思考力の育成には演繹的推論能力や社会的判断力を育成する必要性が示唆された。今回の調査の結果より，社会的判断力が批判的思考力を育成する主要な促進要因であることが明らかになった。また補足的分析では，演繹的推論能力も批判的思考力に影響を与える傾向が見出された。これらの結果を総合的に判断して，批判的思考力の発達を促進する教育的働きかけとしての指導方略について，次のような授業仮説を導いた。

　中学生に対して，平生から資（史）料にもとづき事実判断力や帰納的推論能力を活用させる実践を展開しつつ，2年生後半から3年生の時期に，①「演繹的推論能力育成授業」，②「社会的判断力育成授業」を①→②の順序で展開するひとまとまりの単元を組み込み実践することにより，批判的思考力の発達を効果的に促進することができるのではないか。

（加藤寿朗）

第7章　批判的思考力と社会的事象に対する関心・意欲および主体的な学習態度

第7章では，質問紙調査を通して批判的思考力を幅広く測定するとともに，社会的事象に対する関心・意欲および主体的な学習態度を測定する調査項目を独自に作成して，次の2点を検討し，その結果を報告する。①中学生の批判的思考力，社会的事象に対する関心・意欲および主体的な学習態度のそれぞれにおける中学生段階の発達傾向を検討すること。②社会的思考力・判断力の中で最も高次の思考力と考えられる批判的思考力と社会的事象に対する関心・意欲や主体的な学習態度との関連性を明らかにすること。

I　批判的思考力と社会的事象に対する関心・意欲・学習態度の調査

1．調査の目的

第7章では，図2-2に示す「社会科学力の構造」の一部を実証的データにもとづいて検証する。図2-2において，学んだ力としての社会科学力（狭義の社会科学力）は，批判的思考力が最も高次であり，社会的判断力は批判的思考力に包含され，さらに社会認識力は社会的判断力に包含されると仮定されている。

図2-2は，くしくも2017年に改訂された中学校学習指導要領における社会科の改訂の基本的な考え方と符合するところが多い。「中学校学習指導要領解説社会編」[1]によると，社会科の改訂の基本的な考え方は，以下の3点に集約されるという。すなわち，①基礎的・基本的な「知識および技能」の確

実な習得，②「社会的な見方・考え方」を働かせた「思考力，判断力，表現力等」の育成，③主権者として，持続可能な社会づくりに向かう社会参画意識の涵養やよりよい社会の実現を視野に課題を主体的に解決しようとする態度の育成である。図2-2でも，思考力・判断力はそれぞれの社会科学力に対応した知識の習得を通して育成されると想定している。また，社会的事象等の意味や意義，あるいは特色や相互の関連を考察する力である社会的な見方・考え方や③の課題を主体的に解決しようとする態度は，図2-2の学ぶ力としての社会科学力（社会的事象に対する関心・意欲および学習態度等）に対応すると考えられる。

　そこで第7章では，中学1年生，2年生，3年生を対象にして批判的思考力および学ぶ力としての社会科学力（社会的事象に対する関心・意欲および学習態度）のそれぞれについて調査データを収集し，中学生段階の発達傾向を検討するとともに，学んだ力としての社会科学力の最も高次の思考力と仮定する批判的思考力が学校生活や周囲の社会的事象に対する関心・意欲および身のまわりや社会的事象を積極的に理解しようとする社会的事象に対する主体的な学習態度と関係しているか否かについて検討した。

2．調査の方法

（1）調査対象者と調査実施時期

　対象者は中学校1年生160名（男子79名，女子81名），2年生142名（男子65名，女子77名），3年生165名（男子87名，女子78名）であった。調査実施時期は2009年12月から2010年1月であった。調査を実施するにあたっては，事前に調査内容について説明し，調査協力校の校長から承諾を得た。なお，以下の結果は調査項目の一部に未回答の者等を除外した分析対象者数にもとづいて分析している。

（2）調査内容

　発達心理学の研究者，社会科教育の研究者および中学校の社会科教諭数名で協議し，以下の3種類の調査項目を作成した。

1）批判的思考力尺度項目

　大学生用に作成された批判的思考態度尺度項目[2]を中学生に分かりやすいように表現等を修正して33項目を使用した（表7-1）。各項目の内容がふだんの自分にあてはまる程度について「1：まったくあてはまらない」，「2：ほとんどあてはまらない」，「3：どちらともいえない」，「4：少しあてはまる」，「5：とてもよくあてはまる」の5段階評定で回答を求めた。

2）社会的事象に対する関心・意欲尺度項目

　図2-2の学ぶ力としての社会科学力の中で学習に対する関心・意欲や粘り強さに関連する項目として，社会科の歴史的分野と公民的分野を基本にして，学校，家庭，現代社会，歴史，公民の5領域について質問項目を作成し，最終的には表7-2の17項目を使用した。各項目の内容がふだんの自分にあてはまる程度について「1：まったくあてはまらない」，「2：ほとんどあてはまらない」，「3：どちらともいえない」，「4：少しあてはまる」，「5：とてもよくあてはまる」の5段階評定で回答を求めた。

3）社会的事象に対する主体的な学習態度尺度項目

　図2-2の学ぶ力としての社会科学力の中で学習の進め方への見通しと振り返り，協働して学習する態度等に関連する項目として，社会的事象に対する関心・意欲尺度項目と同様に，学校，家庭，現代社会，歴史，公民の5領域について14の質問項目を作成し，最終的には表7-3の11項目を使用した。なお，学習態度の調査項目ではあるが，各項目内容は行動レベルで表現されている。各項目の行動がふだんの自分にあてはまる程度について「1：まった

くあてはまらない」，「２：ほとんどあてはまらない」，「３：どちらともいえ
ない」，「４：少しあてはまる」，「５：とてもよくあてはまる」の５段階評定
で回答を求めた。

Ⅱ　調査データの分析結果

１．３つの尺度項目に対する主成分分析と項目分析

（１）批判的思考力尺度の結果

　批判的思考力尺度33項目に対する分析対象者全員（467名）の回答データに
もとづいて主成分分析を行った。その結果，表 7-1 に示すとおり，１成分性
が認められた。ただし，負荷量が.40未満の項目が５つあったので，以後の
分析ではこれら５項目を除いて，残りの28項目（a = .93）で批判的思考力を
測定することにした。具体的には，対象者ごとに28項目の平均値を算出し，
それを批判的思考力得点とした。

　次に，各項目の信頼性を項目分析によって検討した。批判的思考力得点の
分析対象者全員の平均値（M = 3.10）にもとづいて分析対象者を上位群と下
位群に分類し，批判的思考力の各項目得点について t 検定を用いて両群間の
差を検定した。その結果，28項目の全項目で有意な群間差が認められ（t
= 7.87～14.31，全て p < .001），上位群が下位群よりも有意に高い得点を示した。
すべての項目で有意な群間差が認められたことから，批判的思考力尺度は一
定の信頼性を有していると考えられる。

（２）社会的事象に対する関心・意欲尺度の結果

　社会的事象に対する関心・意欲尺度17項目についても主成分分析（Promax
回転）を行った。その結果，表 7-2 に示すとおり，４成分が抽出された。各
成分を構成する項目内容に着目して，第１成分を歴史への関心・意欲，第２

表 7-1　批判的思考力尺度の主成分分析結果

項目	負荷量
27　筋道を立てて物事を考えることができる	.71
15　ある一つの立場だけではなく，できるだけ多くの立場から考えようとする	.68
2　いろいろな考え方の人達と接して多くのことを学びたい	.67
6　これからも新しいことを学び続けたいと思う	.66
23　どんな話題に対しても，もっと詳しく知りたいと思う	.66
1　複雑な問題について，順序立てて考えることが得意だ	.65
5　考えをまとめることが得意だ	.65
24　意見が合わなかったり，考えが異なったりする人の話にも耳をかたむける	.65
25　難しい問題に対しても取り組み続けることができる	.64
13　みんなが納得できるように説明することができる	.63
19　私が公平な見方をするので，友だちから判断を任される	.63
11　物事を決める時，客観的な態度を心がける	.62
28　自分とは異なった考えをもつ人と議論するのは面白い	.62
9　物事を正しく考えることに自信がある	.62
8　判断をくだす際には，できるだけ多くの事実や証拠を調べる	.61
22　何かの問題に取り組む時は，しっかり集中することができる	.61
14　外国人がどのように考えているかを勉強することは，意義のあることだと思う	.60
3　いつもできるだけ公平な判断をしようとする	.59
33　建設的な提案をすることができる	.58
18　無意識のうちに偏った見方をしていないか振り返るようにしている	.58
4　結論をくだす場合には，確実な証拠があるかどうかにこだわる	.58
17　自分とは異なる考えをもつ人に興味がある	.57
26　将来役に立つかどうか分からないことについても，できるだけ多く学びたい	.56
32　一つ一つていねいに調べることができる	.52
10　世界のさまざまな文化について学びたいと思う	.47
20　新しいことにチャレンジすることが好きだ	.47
21　自分が提案した意見について話し合う時，自分の考えにこだわってしまう	.43
30　分からないことがあると質問したくなる	.43
7　物事をみる時，自分の立場にこだわってしまう	.37
12　何事も，疑わずに信じ込んだりはしない	.37
29　私の欠点は気が散りやすいところだ	− .03
16　複雑な問題を考えると混乱してしまう	.02
31　物事を考える時，他の案について考える余裕がない	.01
寄与率（%）	31.38

表 7-2　社会的事象に対する関心・意欲尺度の主成分分析結果

項目	F1	F2	F3	F4
F1歴史への関心・意欲（$a = .87$）				
10　歴史上の偉人（例えば，織田信長など）について詳しく知りたい	**.94**	− .15	.06	− .04
9　歴史のさまざまな時代の人がどのように暮らしていたか興味がある	**.86**	− .03	.05	.03
11　過去の戦争や紛争が起きた理由について関心がある	**.80**	.06	.02	− .10
12　自分が住んでいる地域の遺跡や歴史的な建物などについて調べてみたい	**.72**	.13	− .12	.12
13　日本と諸外国との関係について関心がある	**.55**	.28	.00	.03
F2公民への関心・意欲（$a = .80$）				
16　社会のために自分には何ができるのかを考えることがある	.03	**.80**	− .12	− .01
15　ニュースで話題になっている事柄について勉強したい	.12	**.74**	.02	− .05
14　近所の店ではどのようにして商品の値段をつけているのかを知りたい	− .14	**.73**	.05	.03
17　自分の住んでいる地域で起こっている問題について調べてみたい	.21	**.67**	− .10	.04
8　どんな事件や事故が起こっているのかを知りたい	.05	**.51**	.27	− .06
F3友だちへの関心・意欲（$a = .68$）				
1　友だちがどんなことに興味をもっているのかが気になる	− .07	.03	**.81**	− .06
3　友だちとうまくやっていけるように自分の言動に気をつけている	.17	− .25	**.78**	− .03
2　友だちの勉強の仕方を知りたい	.01	.20	**.60**	.02
7　日本では何が流行しているのかが気になる	− .20	.34	**.49**	.07
F4周りの大人への関心・意欲（$a = .67$）				
5　学校に行っている間，家族がどんなことをしているのか知りたい	− .02	− .05	− .03	**.87**
6　自分が経験した一日の出来事を家族に知ってほしい	− .03	.06	− .09	**.83**
4　学校の先生が自分のことをどう思っているのかを教えてほしい	.10	− .07	.33	**.52**
寄与率（%）	36.15	11.19	6.66	6.11
相関係数　F2	.55			
F3	.29	.43		
F4	.31	.46	.41	

成分を公民への関心・意欲，第3成分を友だちへの関心・意欲，第4成分を周りの大人への関心・意欲と命名した。対象者ごとに，各成分を構成する1項目あたりの平均値を算出し，4つの成分得点を求めた。

　次に，各成分を構成する項目の信頼性を項目分析によって検討した。4つの成分得点別に，分析対象者全員の平均値にもとづいて分析対象者を上位群と下位群に分類し，各成分を構成する各項目得点について t 検定を用いて両群間の差を検定した。その結果，4つの成分を構成する全項目で有意な群間差が認められ，いずれも上位群が下位群よりも有意に高かった（歴史への関心・意欲 $t=17.52\sim22.52$，公民への関心・意欲 $t=11.88\sim18.19$，友だちへの関心・意欲 $t=12.12\sim16.39$，周りの大人への関心・意欲 $t=17.07\sim19.56$，全て $p<.001$）。すべての項目で有意な群間差が認められたことから，社会的事象に対する関心・意欲尺度は一定の信頼性を有するものと考えられる。

（3）社会的事象に対する主体的な学習態度尺度の結果

　社会的事象に対する主体的な学習態度尺度14項目についても主成分分析を行った。その結果，項目3「先生によく質問に行く」，項目4「教室での話し合いに積極的に参加する」，項目11「日本の政府が何をしているか，何をすべきかなどについて友だちや家族と話す」の3項目が複数の成分に高い負荷量を示したので，これら3項目を除外した。残りの11項目について再度主成分分析を行った結果，表7-3に示すとおり，3成分が抽出された。各成分を構成する項目内容に着目して，第1成分を情報の共有，第2成分を情報の確認，第3成分を友だちとの情報交換と命名した。対象者ごとに，各成分を構成する1項目あたりの平均値を算出し，3つの成分得点を求めた。

　次に，各成分を構成する項目の信頼性を項目分析によって検討した。3つの成分得点別に，分析対象者全員の平均値にもとづいて分析対象者を上位群と下位群に分類し，各成分を構成する各項目得点について t 検定を用いて両群間の差を検定した。その結果，3つの成分を構成する全項目で有意な群間

表7-3　社会的事象に対する主体的な学習態度尺度の主成分分析結果

項目	F1	F2	F3
F1情報の共有（a = .73）			
6　ニュースについて家族と話をする	.81	.10	− .13
5　一日の出来事について家族と話をする	.80	.00	− .05
7　テレビや新聞でニュースをよくみる	.63	.05	− .04
12　みんなで決めたルールは守る	.57	− .30	.28
13　授業で学んだ事柄を生活に活かすように工夫をする	.55	.15	.13
F2情報の確認（a = .75）			
10　地域にある歴史的な建物について調べる	.02	.87	− .06
9　歴史上の偉人やその人が生きた時代などについて調べる	.01	.86	− .03
14　社会科の授業で学んだことについて家に帰って本などで確かめる	.18	.64	.02
8　インターネットなどで情報をチェックする	− .17	.54	.32
F3友だちとの情報交換（a = .59）			
1　友だちと興味のあることについて話をする	− .11	.01	.87
2　友だちと勉強のことなどについて情報交換をする	.17	.08	.70
寄与率（%）	34.01	12.77	10.89
相関係数　F2	.40		
F3	.29	.20	

差が認められ，いずれも上位群が下位群よりも有意に高かった（情報の共有 t = 10.68〜18.53，情報の確認 t = 13.08〜21.48，友だちとの情報交換 t = 14.18〜22.57，全て p < .001）。すべての項目で有意な群間差が認められたことから，社会的事象に対する主体的な学習態度尺度も一定の信頼性を有するもの考えられる。なお，表7-3から分かるように，友だちとの情報交換成分の内的一貫性を示す a 係数は a = .59と比較的低い値であった。しかし，この成分を構成する項目でも上位群と下位群の間に有意差が認められたことから，この成分得点も以後の分析で使用することにした。

　以後の分析では，3つの主成分分析によって抽出された8つの成分得点を対象者の得点とした。なお，批判的思考力得点，社会的事象に対する関心・意欲の4つの成分得点および社会的事象に対する主体的な学習態度の3つの

成分得点の得点範囲は，いずれも1点から5点の範囲にわたる。

2．8つの成分得点に関する学年差・性差の検討

　批判的思考力得点，社会的事象に対する関心・意欲の4つの成分得点および社会的事象に対する主体的な学習態度の3つの成分得点にもとづいて学年差や性差を検討した（表7-4）。まず批判的思考力得点では，3（学年）×2（性別）の分散分析の結果，いずれの主効果も交互作用も有意ではなかった。次に，社会的事象に対する関心・意欲では，4つの成分得点を使用して3（学年）×2（性別）の多変量分散分析を行った。その結果，性別の主効果が有意であった（$F(8, 458) = 15.52, p < .001$）。そこで単一変量分散分析を行った

表7-4　各成分得点の平均値と標準偏差（SD）

		1年生		2年生		3年生	
		男子	女子	男子	女子	男子	女子
批判的思考力		2.98 (0.68)	3.00 (0.68)	3.10 (0.59)	3.22 (0.63)	3.21 (0.59)	3.09 (0.55)
社会的事象に対する関心・意欲	歴史への関心・意欲	2.77 (1.16)	2.65 (0.97)	2.77 (1.10)	2.90 (1.01)	3.04 (0.86)	2.74 (0.79)
	公民への関心・意欲	2.81 (0.91)	2.96 (0.83)	2.86 (0.94)	3.06 (0.88)	3.01 (0.80)	3.06 (0.66)
	友だちへの関心・意欲	3.26 (0.92)	3.79 (0.67)	3.20 (0.83)	3.66 (0.78)	3.45 (0.79)	3.73 (0.70)
	周りの大人への関心・意欲	2.32 (0.93)	2.81 (0.90)	2.22 (0.86)	2.67 (0.89)	2.27 (0.77)	2.61 (0.81)
社会的事象に対する主体的な学習態度	情報の共有	3.16 (0.77)	3.38 (0.78)	3.16 (0.73)	3.37 (0.79)	3.20 (0.72)	3.35 (0.72)
	情報の確認	2.38 (0.84)	2.21 (0.77)	2.14 (0.87)	2.37 (0.87)	2.46 (0.82)	2.24 (0.78)
	友だちとの情報交換	3.50 (1.01)	3.85 (0.69)	3.88 (0.75)	4.14 (0.66)	3.90 (0.82)	4.06 (0.80)

結果，友だちへの関心・意欲（$F(1, 461) = 34.15, p < .001$）と周りの大人への関心・意欲（$F(1, 461) = 27.89, p < .001$）の2つの成分得点で有意な性差が見られ，女子が男子よりも有意に高かった。

　社会的事象に対する主体的な学習態度でも3つの成分得点を使用して同様の多変量分散分析を行った。その結果，学年の主効果が有意であった（$F(6, 918) = 3.35, p < .01$）。そこで単一変量分散分析を行った結果，友だちとの情報交換（$F(2, 461) = 8.34, p < .001$）で有意な学年差が見られた。多重比較（Bonferroni 法）の結果，2年生と3年生が1年生よりも有意に高かった。また，性別の主効果も有意であった（$F(3, 459) = 7.51, p < .001$）。単一変量分散分析の結果，情報の共有（$F(1, 461) = 7.39, p < .01$）と友だちとの情報交換（$F(1, 461) = 12.39, p < .001$）で有意な性差が見られ，いずれも女子が男子よりも有意に高かった。

3．批判的思考力と社会的事象に対する関心・意欲および主体的な学習態度との関連性

（1）批判的思考力得点の3群間比較による検討

　批判的思考力得点の全分析対象者の平均値（$M = 3.10$）と標準偏差（$SD = 0.63$）にもとづいて，対象者を低群（$M - 0.5SD$ 未満），中群（$M - 0.5SD$ 以上，$M + 0.5SD$ 未満），高群（$M + 0.5SD$ 以上）の3群に分類した。社会的事象に対する関心・意欲および社会的事象に対する主体的な学習態度の成分得点のいずれかで批判的思考力の3群間に有意差が見られたら，その成分得点は批判的思考力と関連すると考えられる。表7-5に各群の人数内訳を示す。

　社会的事象に対する関心・意欲の4つの成分得点を使用して，3（群）×3（学年）の多変量分散分析を行った（表7-6）。その結果，群の主効果が有意であった（$F(8, 910) = 19.38, p < .001$）。そこで単一変量分散分析を行った結果，歴史への関心・意欲（$F(2, 458) = 60.05, p < .001$），公民への関心・意欲（$F(2, 458) = 57.66, p < .001$），友だちへの関心・意欲（$F(2, 458) = 27.80, p < .001$），

表7-5　批判的思考力の3群の人数内訳

	高群	中群	低群
1 年生	43	64	53
2 年生	48	62	32
3 年生	44	91	30

表7-6　群別・学年別の各成分度得点の平均値と標準偏差（*SD*）

		低群			中群			高群		
		1 年生	2 年生	3 年生	1 年生	2 年生	3 年生	1 年生	2 年生	3 年生
社会的事象に対する関心・意欲	歴史への関心・意欲	2.11 (1.00)	2.12 (0.86)	2.29 (0.62)	2.70 (0.93)	2.86 (1.04)	2.85 (0.75)	3.47 (0.86)	3.32 (0.89)	3.42 (0.84)
	公民への関心・意欲	2.32 (0.84)	2.45 (1.00)	2.55 (0.71)	2.94 (0.68)	2.95 (0.85)	2.96 (0.62)	3.49 (0.71)	3.37 (0.69)	3.53 (0.70)
	友だちへの関心・意欲	3.20 (0.93)	2.78 (0.91)	3.24 (0.90)	3.50 (0.70)	3.56 (0.71)	3.65 (0.69)	3.99 (0.74)	3.74 (0.68)	3.67 (0.75)
	周りの大人への関心・意欲	2.16 (0.95)	2.15 (0.99)	2.26 (0.83)	2.56 (0.87)	2.66 (0.80)	2.33 (0.68)	3.09 (0.80)	2.44 (0.91)	2.75 (0.94)
社会的事象に対する主体的な学習態度	情報の共有	2.81 (0.80)	2.63 (0.74)	2.65 (0.71)	3.22 (0.62)	3.27 (0.59)	3.20 (0.56)	3.92 (0.51)	3.74 (0.59)	3.86 (0.60)
	情報の確認	1.87 (0.66)	1.76 (0.62)	1.81 (0.55)	2.30 (0.76)	2.25 (0.85)	2.32 (0.73)	2.80 (0.75)	2.65 (0.86)	2.80 (0.86)
	友だちとの情報交換	3.33 (0.97)	3.48 (0.58)	3.42 (1.03)	3.70 (0.83)	4.02 (0.64)	4.04 (0.63)	4.08 (0.65)	4.41 (0.59)	4.22 (0.84)

周りの大人への関心・意欲（$F(2, 458) = 14.23, p < .001$）の全成分得点で有意な群間差が見られた。多重比較の結果，4つの成分得点のいずれにおいても批判的思考力の高群が中群や低群よりも，そして中群が低群よりも有意に高い得点を示した。

　社会的事象に対する主体的な学習態度の3つの成分得点を使用して同様の多変量分散分析を行った（表7-6）。その結果，群の主効果が有意であった（$F(6, 912) = 39.90, p < .001$）。そこで単一変量分散分析を行った結果，情報の共

有（$F_{(2, 458)} = 101.73, p < .001$），情報の確認（$F_{(2, 458)} = 46.94, p < .001$），友だちとの情報交換（$F_{(2, 458)} = 37.52, p < .001$）の全成分得点で有意な群間差が見られた。多重比較の結果，3つの成分得点のいずれにおいても批判的思考力の高群が中群や低群よりも，そして中群が低群よりも有意に高い得点を示した。これらの結果は，批判的思考力が社会的事象に対する関心・意欲および主体的な学習態度と関連することを示している。

（2）共分散構造分析によるモデル検討

　共分散構造分析を使用して，批判的思考力と社会的事象に対する関心・意欲および社会的事象に対する主体的な学習態度の関連性についてモデル検討を行った。その結果，図7-1に示すモデルでは，モデルの適合度指標がGFI = .91，AGFI = .85，CFI = .89，RMSEA = .12であった。RMSEAの値が.10を超えているが，GFIの値が.90を超えていること，CFIの値も.90に非常に近い値を示していることから，データが仮定したモデルに，ある程度あてはまっていると考えられる。図7-1から分かるように，批判的思考力は社会的事象に対する関心・意欲の4つの成分および社会的事象に対する主体的な学習態度の2つの成分と有意な関連性を示している。

Ⅲ　調査結果の考察と今後の課題

　第7章では，中学1年生，2年生，3年生を対象に質問紙調査を実施し，その調査データにもとづいて以下の2点を検討することが主な目的であった。①中学生の批判的思考力，社会的事象に対する関心・意欲および社会的事象に対する主体的な学習態度について，それぞれの発達傾向を検討すること。②図2-2の「社会科学力の構造」にもとづいて，中学生の批判的思考力と社会的事象に対する関心・意欲や社会的事象に対する主体的な学習態度との関連性を明らかにすること。

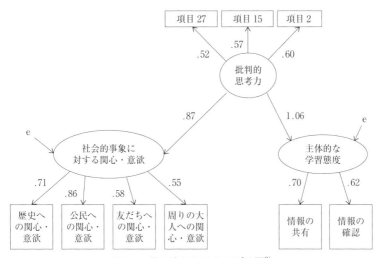

図7-1　第7章におけるモデル図[3]

　第7章では，これら2つの目的を達成するために批判的思考力尺度，社会
的事象に対する関心・意欲尺度，社会的事象に対する主体的な学習態度尺度
の3種類を使用した。これら3種類の尺度項目は，発達心理学の研究者，社
会科教育の研究者，中学校の社会科教諭数名が事前に協議して中学生の発達
段階や実態に合うように考えて作成したり修正したりしたものである。その
意味では，一定の内容的妥当性を有していると考えられる。しかし，尺度の
成分の中には，成分の内的一貫性を示すa係数が低いものもあった。例えば，
社会的事象に対する主体的な学習態度尺度の「友だちとの情報交換」のa係
数は.59，社会的事象に対する関心・意欲尺度の「友だちへの関心・意欲」
や「周りの大人への関心・意欲」のa係数は.68と.67とあまり高い値を示し
ていない。ただし，これらの成分でも項目分析では有意な群間差が見られて
いることから，これらの尺度は一定の信頼性を示していると考えた。
　目的①に関して，批判的思考力，社会的事象に対する関心・意欲および社
会的事象に対する主体的な学習態度の成分得点にもとづいて発達傾向を検討

した。しかし，予想に反して批判的思考力も社会的事象に対する関心・意欲も学年進行に伴う上昇傾向は見られなかった。唯一，予想と一致する結果は，社会的事象に対する主体的な学習態度の「友だちとの情報交換」だけであった。これらの結果は，第7章の調査では自己評定による回答を求めたことに起因している可能性も考えられる。たとえば，第3章や第4章では批判的思考力を測定するため歴史的分野のテスト問題を提示し，自由記述で回答させている。このようなテスト問題では不正解や説明不足の場合は0点となる。それに対して，表7-1に示す批判的思考力の調査項目では，中心化傾向によって回答者は1や5の両極端の自己評定をすることが少なく，2〜4の自己評定をしやすくなる。この可能性は表7-4に示す中学1年生，2年生，3年生の批判的思考力の自己評定の平均値がすべて3点前後であることからも裏付けられる。一方，第7章では批判的思考力を社会科教育で扱う側面に限定せず，幅広い側面から測定するために多数の質問項目からなる測定尺度を使用した。これは特定のテスト問題を使用する場合には批判的思考力がその問題を反映したものに限定され，特定の側面しか測定できないという短所があると考えたからであった。今後は批判的思考力を測定する場合に，同一の対象者にテスト問題と多数の質問項目からなる調査を実施し，2つの測定方法の結果がどの程度対応するのかを検討する研究が必要である。

　次に目的②に関して，批判的思考力得点にもとづいて高群，中群，低群の3群を分類し，これら3群間で社会的事象に対する関心・意欲の4つの成分得点および社会的事象に対する主体的な学習態度の3つの成分得点について比較検討した。その結果，7成分得点のすべてにおいて高群が中群よりも，中群が低群よりも有意に高い得点を示した。これらの結果は，自己評定の調査結果でも相対的に批判的思考力を高く評定する生徒ほど社会的事象に対する関心・意欲や社会的事象に対する主体的な学習態度が高い関係にあることを示している。また，共分散構造分析の結果も批判的思考力が社会的事象に対する関心・意欲や社会的事象に対する主体的な学習態度に対して有意な正

の影響を示していた。これらの関連性に関する結果は，図 2-2 の「社会科学力の構造」の仮定を一部実証するものである。つまり，社会科教育によって批判的思考力を育成すれば，生徒の学校生活や周囲の社会的な事象に対する関心・意欲を高め，身のまわりや社会的な事象を積極的に理解しようとする社会的事象に対する主体的な学習態度の形成につながる可能性が高いと示唆される。

　最後に，今後の課題を 2 点指摘する。第 1 に，第 7 章では「社会科学力の構造」の一部しか検討していないので，今後は第 7 章で取り上げなかった社会認識力や社会的判断力も含めた関係モデル全体について発達的検討とともに，社会的事象に対する関心・意欲や社会的事象に対する主体的な学習態度との関連性を検証する必要がある。特定の社会的な事象（例えば，お金の役割，商品の価格決定，銀行の役割等）に対する子どもの理解の発達を検討した先行研究では，例えば 9 歳になると，お金の理解について論理的な一貫性や一般性の高い説明をする者（2 ％）が出現し，10 歳（18%）から 11 歳（36%）にかけて増加することが報告されている[4]。論理的な一貫性や一般性の高い説明は，「社会科学力の構造」の一般的説明的知識[5]に対応すると考えられる。これらの研究結果を踏まえると，今後は中学生だけを対象にするのではなく，小学校から中学校への学校移行期，あるいは中学校から高等学校への学校移行期のデータも収集して検討する必要があろう。

　第 2 に，社会科教育において社会認識力，社会的判断力，批判的思考力を体系的に育成する教育プログラムを開発し，その教育効果を判定する実践的研究も求められる。すでに多様な教育実践が行われ，教科書も批判的思考力育成のために工夫が重ねられている[6]。しかし，より効果的な教育実践を行うためには，生徒の実際の社会科学力を質的・量的に測定するとともに，それらの客観的データにもとづいて教育プログラムを策定し，その効果を検証していく必要があろう。

【注】

1）文部科学省『中学校学習指導要領（平成29年告示）解説社会編』，東洋館出版社，2018年

2）平山るみ・楠見孝「批判的思考態度が結論導出プロセスに及ぼす影響：証拠評価と結論生成課題を用いての検討」『教育心理学研究』第52巻，2004年，pp.186-198。

3）図中の数値は標準化係数であり，すべて有意であった。図中の主体的な学習態度は，社会的事象に対する主体的な学習態度を意味する。

4）先行研究として以下の文献をあげる。秋田喜代美「科学的認識・社会的認識の学習と教育」大村彰道（編）『教育心理学Ⅰ：発達と学習指導の心理学』東京大学出版会，2009年，pp.63-88。Furth, H.G., *The world of grown-ups: Children's conceptions of society*, Elsevier North Holland, 1980（加藤泰彦・北川歳昭（編訳）ピアジェ理論と子どもの世界：子どもが理解する大人の社会 北大路書房，1988年）。

5）第2章において一般的説明的知識は，個々の社会的事象の起因や影響を説明するのに用いられる概念的なものであり，いくつかの個別的な説明的知識の因果性や影響性を説明させる過程を通じて習得される「住居は気候や生活様式に左右される」等の一般的な知識であると説明されている。

6）教育実践研究例として，以下の文献をあげる。土屋武志・土屋敦子「批判的思考力を育成する歴史教科書：帝国書院版『社会科中学生の歴史』を例に」『愛知教育大学教育実践センター紀要』第12号，2009年，pp.167-173。

（前田健一・新見直子）

第8章　社会的思考力・判断力の発達特性を踏まえた社会科授業モデル開発

第8章では，中学生の社会的思考力・判断力の発達の質的転換期である2年生後半から3年生の時期に，「批判的思考力」を育成するためには，「帰納的推論能力」，「演繹的推論能力」，「社会的判断力」のどの能力に焦点化しながら授業を構成することが効果的なのか明らかにするために為された実験的授業の結果分析にもとづいて授業仮説を得て，それを踏まえた社会科授業モデルとして具体的な歴史単元（5単位時間）を開発した。具体的には，中学生の社会的思考・判断が，演繹的推論から批判的思考へ，また社会的判断から批判的思考へと展開するように授業を構成した。

1　社会的思考力・判断力の階層的連関構造にもとづく歴史授業構成の授業仮説

これまでの調査的・実験的研究の分析結果より，中学生の社会的思考力・判断力の発達に係る階層的連関構造について，次のような結論が仮説として導かれた。

社会的判断力が，批判的思考力の発達の主要な促進要因である。また，演繹的推論能力も，批判的思考力の発達に影響を与える傾向が見出された。

社会的思考力・判断力の階層的連関構造に関する仮説を踏まえて，批判的思考力の発達を促す教育的働きかけとしての授業構成について，次のような授業仮説を導くことができよう。

中学生に対して，平生から資（史）料にもとづき事実判断力や帰納的推論能力を活用させる実践を展開しつつ，2年生後半から3年生の時期に，①「演繹的推論能

力育成授業」，②「社会的判断力育成授業」を①→②の順序で展開するひとまとまりの単元を組み込み実践することにより，批判的思考力の発達を効果的に促進することができるのではないか。

Ⅱ　批判的思考力の発達を促す教育的働きかけとしての歴史授業モデルの開発

1．歴史単元の構成

　上記の授業仮説を踏まえた歴史単元構成のモデルとして，1931年～1945年（満州事変から太平洋戦争）の総力戦の時代を時間軸にして，単元「女性と戦争」（5単位時間）を開発した。単元は，前半2単位時間が「演繹的推論能力育成の授業（小単元）」，後半3時間が「社会的判断力育成の授業（小単元）」として構成した。各小単元の終結では，生徒に批判的思考力を活用させる学習問題・場面を設定した。こうした単元の構成により，生徒に演繹的推論・社会的判断・批判的思考をひとまとまりとして経験させることができると考えた。

　本単元は，主題学習として展開することから，生徒が歴史的分野において「太平洋戦争」の経過に関する基本的な史実を学んだ後に位置づけることが適当であると考える。

　本単元の開発は，協働的研究体制において次の手順により進めた。まず，本研究チームにおける社会科教育研究者が授業仮説にもとづいて単元の教授書試案と教授学習用資料集を，発達心理学研究者の助言と協議を踏まえて作成した。その後，実験的授業の授業者である徳島県中学校社会科教諭との協議により，教授書第二次試案と学習用ワークシートを作成した。さらに授業者とは別の徳島県下の中学校社会科教諭2名に教授書第二次試案・資料集・ワークシートの点検を依頼し，その意見にもとづいて修正し教授書第三次試

案を得た。

２．演繹的推論能力育成の単元構成モデル

（１）テーマの設定

　1931年〜1945年（満州事変から太平洋戦争）の「女性の動員」を対象とするテーマを設定した。

　総力戦のもとでの女性（あるいはその対照としての男性）の行為や意識を，時代の社会体制や社会構造との関係から考察・説明するために，「戦争への女性の動員」は焦点化された事例になり得ると考えた。

（２）学習内容の構成

　1931年〜1945年（満州事変から太平洋戦争）を総力戦の時代と捉え，時代解釈としての「総力戦体制（論）」[1]を，①戦時指導体制，②戦時経済体制，③国民動員体制，④国民精神の動員の４つの観点からつかむ。そして，生徒が，戦時下の「女性の動員」に関する図版や人々の語りがもつ意味を，「総力戦体制（論）」により説明するように内容を構成する。事例となる「女性」という主体を多面的・多角的に考察できるように，人間（主体の）理解の枠組みとして，「地域（生活の場としての都市・農村）」・「階層・職業」・「身体」・「世代（年齢）」を活用する。

（３）授業過程と学習方法

　授業過程は，「総力戦体制（論）」を，①戦時指導体制，②戦時経済体制，③国民動員体制，④国民精神の動員の４つの観点から概念的に理解する過程から，「総力戦体制（論）」により戦時下の女性の動員に関する図版や人々の語りがもつ意味を説明する演繹的推論過程として組み立てる。そして，その「意味」の背後にある総力戦における女性の動員は，「守る者＝前線の男性兵士」と「守られる者であり，兵士を生む性＝銃後の女性」という性別役割分

業の規範と「男性＝熟練」「女性＝非熟練」という偏向した見方を読み解き吟味するように展開する。

　中心となる学習方法は，演繹的説明である。生徒が，問いに対して関連する資料を読み，概念的知識を活用して事象の意味を解釈し，説明することを通して，小単元の到達目標となる学習内容をつかんでいく。

（4）小単元の構成
①小単元名「女性と戦争〜女性の動員について考える〜」（2単位時間）
②単元の目標
ア　知識目標　次の知識を習得し活用できる。

　　a．総力戦を遂行するための日本の戦略は，武力戦略，経済財政政策，人的および物質的資源の統制・動員策，国民精神動員策を柱に構築された。

　　b．総力戦における女性の動員は，「守る者＝前線の男性兵士」と「守られる者であり，兵士を生む性＝銃後の女性」という性別役割分業を枠組みに遂行された。こうした性別役割分業には，しばしば「男性＝熟練」「女性＝非熟練」という偏向した見方が内在していた。

イ　能力目標

　　a．「総力戦における日本の戦略」についての解釈を活用して，戦時下の「女性の動員」に関する図版や人々の語りがもつ意味を説明することを通して，演繹的推論能力を育成する。

　　b．「女性の動員」に関する図版や人々の語りに内在する性別役割分業の規範と分業に対する熟練・非熟練の偏向した見方を読み解くことを通して，批判的思考力を育成する。

③小単元の展開　（表8-1により示す）

表8-1　小単元「女性と戦争～女性の動員について考える～」教授書（試案）

パート	教師の指示・発問・説明	教授学習活動・資料	子どもの応答・学習内容
導入　学習問題の提示	◎歴史家たちによって示された「総力戦における日本の戦略」についての解釈を活用して，戦時下の「女性の動員」に関する図版や人々の語りがもつ意味を説明してみよう。	T．小単元の学習問題の提示	
I　「総力戦体制（論）」の概念的理解	○「総力戦における日本の戦略」とは，どのようなものか。 ①武力戦略　②経済財政策　③人的および物的資源の統制・動員策　④国民精神動員策	T．資料1「総力戦における日本の戦略」の一覧を黒板に貼る	・総力戦とは，「国家・国民の物質的精神的全能力を動員結集して，これを国家の総力として戦争に臨むこと」である。 ・（①武力戦略）短期決戦を想定し，開戦時に総力を結集させる戦略。 ・（②経済財政策）平時から国家の総力をあげて軍事工場を整備し，戦争に必要な物資を大量に蓄え，戦争開始とともにその蓄積してきたものを集中的に使用する。 ・（③人的および物的資源の統制・動員策）国民の労働や社会生活のあらゆる側面について，統制・運用を及ぼすことができる。 ・（④国民精神動員策）国家のために自己を犠牲にして尽くす国民の精神を推進する。

	○「総力戦における日本の戦略」の解釈を活用して，戦時下の「女性の動員」に関する図版や人々の語りの持つ意味を説明してみよう。	T．発問する	
II 「総力戦体制（論）」による女性の動員の意味の説明	【地域性を観点に】 ・資料2の雑誌のさし絵は，女性の役割について，何をメッセージしているか。背景は，都市か農山漁村か。一覧表①～④のどれと関わるか。	T．発問する P．資料2をもとに答える	・生産の視点から，戦時の女性の務めは，子ども（男子）を産み，自然に働きかけて資源の確保に努めるべきとのメッセージ。背景は農山漁村。③④と関連。
	・資料3のポスターは，女性の役割について，何をメッセージしているか。背景は，都市か農山漁村か。一覧表①～④のどれと関わるか。	T．発問する P．資料3をもとに答える	・消費の視点から，主婦は，質素倹約に務めながら生活の質を保つことが大切とのメッセージ。背景は都市。③④と関連。
	【階層・職業を観点に】 ・資料4の「女性の労働力動員」に関する年表を見てみよう。1941年～1944年に至るまで，挺身隊員としての女子の労働力動員が未婚女性に限られたのはなぜだろうか。年とともに，動員する女性の年齢幅が広がっているのはなぜか。一覧表①～④の解釈を活用して説明してみよう。	T．発問する P．資料4をもとに答える	・日本では国策として母性と家庭生活の保護が優先された。そして，戦局の悪化とともに労働力不足が深刻になり，動員する未婚女性の年齢幅が広がった。①～③と関連。
	・資料5のポスターにある「女などにと笑った人に，今こそ見せんこの腕前」という標語は，	T．発問する P．資料5をもとに答える	・本来は男性が務める熟練の機械工を，女性でも立派に務め，軍需品増産に貢献できるとのメッセー

	何をメッセージしているか。一覧表①～④のどれと関わるか。		ジ。①～④と関連。
	【身体を観点に】 ・資料6で，戦時下障がいを持って生まれた女性は，「世間から見れば何にも役に立たない自分であった」と振り返っている。彼女を苦しめた「世間」とは何だったと考えるか。それは，一覧表①～④のどれと関わるか。	T．発問する P．資料6をもとに答える	・女性は，健康で子どもを産み育て，働くことにできる身体を持つべきとの規範がつくり出す社会の雰囲気。③④と関連。
	【世代（年齢）を観点に】 ・資料7「戦地のお兄様への手紙」では，この手紙を書いた少女は，戦地の兵士に何をメッセージしているか。少女が赤の他人である戦地の兵士にむけ「お兄様」と呼んでいるが，それは何を意味しているのか。それは，一覧表①～④のどれと関わるか。	T．発問する P．資料7をもとに答える	・戦地の兵士を讃える愛国心と銃後の守りを担う自らの覚悟をメッセージしている。 ・「お兄様」の呼び方は，血のつながった家族・兄妹の立場で兵士を応援し，また心配している気持ちを表している。④と関連。
Ⅲ　意味の背後にある規範や見方の吟味	○学習を振り返って，「日本の総力戦における女性の動員」というテーマで自分なりに考えたことを文章にしてみよう。クラスに発表し，意見を交換しよう。	T．発問する P．個人で文章にまとめる P．クラスに発表し，意見を交換する	クラスでの話し合いを通じて，次の認識を引き出したい。 ・「日本の総力戦における女性の動員」には，性別役割分業の規範と分業に対する熟練・非熟練の偏向した見方を見出すことができる。

〔教授・学習用資料出典〕

1．（表）「総力戦における日本の戦略」，纐纈厚『増補版　総力戦体制研究』社会評論社，2018年，pp.260-268および佐々木洋子『総力戦と女性兵士』青弓社，2001年，pp.156-157より作成。

２．（さし絵）「産めよよふやせよ」，若桑みどり『戦争がつくる女性像』筑摩書房，1997年，p.132。
３．（文書）「忙しくなる都市の主婦」，むらき数子「足らぬ足らぬは工夫が足らぬ」岡野幸江他編
　　『女たちの戦争責任』東京堂出版，2004年，pp.67-68より作成。
４．（表）「女性の労働力動員」，佐々木洋子前掲書，p.39。
５．（ポスター）「女などにと笑った人に，今こそ見せんこの腕前」（『写真週報』昭和19年5月10日
　　発行），羽島知之編『資料が語る戦時下の暮し』麻布プロデュース，2011年，p.95。
６．（文書）「障がいを持つ女性の戦時の回想」，朝日新聞社編『女たちの太平洋戦争　第3巻』朝
　　日新聞社，1992年，pp.228-229。
７．（文書）「戦地のお兄様への手紙」，重信幸彦『みんなで戦争』青弓社，2019年，pp.321-322。

3．社会的判断力育成の単元構成モデル

（1）テーマの設定

　1931年〜1945年（満州事変から太平洋戦争）のいわゆる「十五年戦争」期の
「女性の戦争協力」の問題を対象とするテーマを設定した。

　その主な理由は，次の2点である。第1は，「女性の戦争協力」の問題が，
生徒の評価・判断に相違を生み出す適当な考察対象になると考えたからであ
る。戦時の女性を考察する場合に，「対象」としての軸に「生活」と「運動」
を，「評価・判断」としての軸に「戦争協力に対する告発」と「戦争協力に
対する許容」を設定すると[2]，従来の一般的な中学校歴史学習では，「生活」
の側面から「女性（加えて，子どもや高齢者，病者，障がい者ら）は，戦争によ
って日常の平和な生活を壊され，苦難を味わった。従って，女性は戦争の被
害者である。」とする評価・判断が一面的・固定的に形成されているのでは
なかろうか。それと対をなして，「悪いのは日本が仕掛けた戦争であり，そ
れを起こした（止められなかった）政治家や軍人などの国家体制側である。彼
らこそ加害者である。」という評価・判断があろう。しかし，国家体制と結
びついて戦争への女性の動員のための「運動」に携わった女性指導者たちを
考察の対象にすえると，女性の戦争協力に対する生徒の評価・判断は相違を
みせることになろう。

　第2は，女性，特に「運動」における女性指導者を取り上げると，戦時の
彼女らの「運動」と政治・戦局・経済・社会・生活の各領域との関わりをト

ータルに考察できると考えたからである。

（2）内容構成

　戦時下における女性の戦争協力と戦争責任について生徒が評価・判断でき
るように，学習内容には，「生活」の軸から①戦時の市井の女性たちの日常
生活を，また「運動」の軸から②国家体制（政府・軍部）と結びついた組織
的な女性運動（体制的女性運動団体），③市民的な女性解放運動の指導者によ
る国策遂行活動（市民的女性運動指導者），④連合国（戦勝国）側の米国大統領
夫人による戦争遂行のための活動を取り上げる。

　具体的には，②には大日本国防婦人会の活動を，③には市川房枝の戦時国
策遂行活動を，④には戦時の米国大統領フランクリン・ルーズベルトの夫人
であり，現在に至る米国を代表する人道主義者として知られるエリノア・ルー
ズベルトの戦時の活動を取り上げる。

　①の内容は，「評価・判断」の軸との関わりから，「戦時の女性＝苦難を被
った被害者」という生徒の既存の評価枠組みを浮き彫りにするために選択し
た。②〜④の内容は，生徒の常識的な評価枠組みから，「判断・評価」の軸
において，②→③→④の順に「戦争協力に対する告発」から「戦争協力に対
する許容」へと配置されるであろうことを想定しつつ，生徒の評価・判断に
相違と葛藤が生まれるように選択・配列した。そして，②〜④をそのように
選択・配列することによって，生徒たちが，現在に生きる者の視座から「専
制と全体主義のための戦争（日本・同盟国側）＝許せない戦争」，「自由と民主
主義のための戦争（米国・連合国側）＝許せる戦争」という自己の暗黙の価値
判断の基準を対象化し吟味できる（批判的に思考できる）であろうと考えた。

（3）授業過程と学習方法

　授業過程は，「生活と運動を視点に，戦時の女性の戦争協力の活動に対す
る評価・判断を実践する過程」から「自己の評価・判断基準を対象化し吟味

する過程」へと展開するように組み立てる。

　中心となる学習方法は，議論である。議論は，「主張」「根拠（理由付け）」「（根拠を支える）事実」と，さらに理由付けのメタ認知を図るための「裏付け（価値判断の基準）」により構成する。

　このような授業過程と学習方法の原理にもとづき，単元は，以下の5つの場面から構成する。

　　・導入：戦時の日常生活の視点から，市井の女性たちの戦争協力・責任に対する評価・判断の実践および単元全体の学習問題の提示
　　・パートⅠ：体制的女性運動団体の戦争協力・責任に対する評価・判断の実践
　　・パートⅡ：市民的女性運動指導者の戦争協力・責任に対する評価・判断の実践
　　・パートⅢ：米国大統領夫人による戦時国策遂行活動の戦争協力・責任に対する評価・判断の実践
　　・パートⅣ：自己の評価・判断基準の対象化とその吟味

　以上の単元構成の論理を，図8-1に見取り図として示した。

（4）小単元の構成

①小単元名「女性と戦争〜女性の戦争協力について考える〜」（3単位時間）

①単元の目標

ア　知識目標（概念的知識）

　次の知識を習得し活用できる。

　　a．戦時の「女性の戦争協力・責任」の評価は，対象としての生活と運動，評価・判断としての告発と許容の組み合わせにより相違を生み出す。
　　b．歴史的事象に対する評価・判断は，常に事後的なものになるので，そ

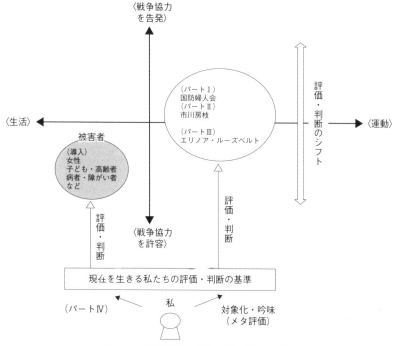

図8-1　単元構成の見取り図（筆者作成）

　　のような評価を下している自他の判断基準の吟味が必要となる。

イ　能力目標

　ａ．1931年～1945年（満州事変から太平洋戦争）のいわゆる「十五年戦争」
　　期の「女性の戦争協力・責任」の問題を，「生活」と「運動」を視点
　　に評価・判断する能力（社会的判断力）を育成する。

　ｂ．戦時の「女性の戦争協力・責任」の問題を評価・判断する自己の基準
　　を対象化し吟味する能力（批判的思考力）を育成する。

②小単元の展開（表8-2により示す）

表8-2　小単元「女性と戦争〜女性の戦争協力について考える〜」教授書（試案）

パート	教師の主な指示・発問・説明	教授学習活動・資料	子どもの主な応答・学習内容
導入　市井の女性たちの戦争協力・責任に対する評価・判断の実践と単元の学習問題の提示	○「銃後」という言葉にはどのような意味があるのでしょうか。	T．説明する	・「銃後」とは，「前線」に対して，直接の戦場ではない後方という意味を持つ。
	○「銃後」の守りの主な担い手は誰だと思いますか。	T．発問する P．答える	・女性，子ども，お年寄，病者，障がい者など
	○資料集から考えてみて，満州事変からアジア太平洋戦争の時期（1931年〜1945年）に「銃後」を担った人々の生活について，当時，彼ら（彼女ら）はどのような気持ちだったと思いますか。	T．発問する P．答える	・苦しい生活を強いられても，戦争に勝つためには国民として頑張らねばならないという気持ち。戦争だから仕方がないという気持ち。戦争に対する怒りの気持ち。など
	○「銃後」の女性や子どもたちをそのような苦難に巻き込んだ責任は誰にあると思いますか。	T．発問する P．答える	・日本の政府や軍部，敵国のアメリカなど
	○「戦争の加害者」と「戦争の被害者」という区別をするならば，日本の政府や軍部，敵国アメリカは加害者，そして銃後の担い手であった女性や子どもたちは被害者と考えることができますが，戦争の被害者と加害者は，そのように簡単に線引きができるのでしょうか。	T．問題意識を問う	・簡単には線引きできないのではないか。戦場となったアジアや太平洋地域の人々の苦難にも思いを持たねばならない。 ・「総力戦」の戦い方を考えると，銃後の担い手であった女性や子どもたちを単純に「戦争の被害者」と認識してしまうことには，あらためて吟味する必要がある。

	◎主発問：戦時下の女性たちは，日常生活を視点に考えると，一般には「被害者」の立場にあると考えられているではないでしょうか。それでは，総力戦体制のもと，政府や軍と結び付いて戦争の遂行に協力した女性運動やその指導者を，私たちはどのように評価できるでしょうか。	T．単元の学習問題を提示する	
I 体制的女性運動団体の戦争協力・責任に対する評価・判断の実践	1．大日本国防婦人会（略称：国婦）の戦時の活動を，どのように評価しますか。 ○国婦は，どのような活動をしたのでしょうか。組織はどのように拡大していったのでしょうか。	T．発問する P．資料1・2をもとに答える	・国婦は，1932（昭和7）年から1942（昭和17）年まで存在した日本の婦人団体であり，陸軍の強力な後押しを受けていた。国婦は，出征兵士の見送り，傷病兵や遺骨の出迎え，廃品回収などによる国防献金，慰問袋の調達と発送などの活動をした。1935年末には，国婦の会員数は255万人となり，愛婦（上流婦人や有産婦人たちの会合といわれる愛国婦人会）の会員数を抜いている。1941年ごろには，国婦の会員数は900万人を超えている。
	○国婦に参加した女性たちは，どのような意識で活動に参加していたのでしょうか。	T．発問する P．資料3・4をもとに答える	・家庭外での国防に貢献する活動に従事することによる「愛国心」や「充実感」を持った。また，

		・「庶民性」や「平等性」を感じることができたのではないか。 ・日本の戦争での勝利を願って、最善を尽くすことを最優先に考えていたのではないか。
○国婦のメンバーの服装が皆かっぽう着とたすき掛けで統一されていることには、どのような意味があると思いますか。	T．発問する P．資料1をもとに答える	・かっぽう着は「庶民性」や「平等性」を表しており、たすき掛けは「国防活動への参加運動」を表していると考えられる。 ・女性が一致団結していることの表れと考えられる。
○国婦関西本部機関誌『婦人国防』に掲載された漫画では、「日本の母の理想」について、どのように描かれていますか。また「エプロンは白く、お顔は健康色で」の記事から、国婦の活動が女性たちの日常生活にどのような影響を与えていたと考えられますか。	T．発問する P．資料5・6をもとに答える	・「お国のために我が子を育てる」という「母の精神」を奨励している。国婦の活動を通じて、女性たちは質素倹約の奨励や、化粧やパーマネント、派手な服装の禁止など、憲兵まがいのチェックを受けることになった。
○戦後行われた国婦会員300人に対するアンケートによると、国婦活動への参加の事情について、どのようなことが言えますか。	T．発問する P．資料7をもとに答える	・自発的に参加した人が2割弱、半強制的、強制的な参加だったと考える人が7割以上との結果が出ている。 ・活動に参加しないと「非国民」と言われたりもした。
●皆さんは、国婦の女性達の戦時の活動をどのように評価しますか。	T．発問する P．グループで議論する	・「間違いを指摘すべき」国婦は、陸軍を中心とする国家体制と強く結びつ

	「戦争協力の間違いをはっきり指摘すべき」だと思いますか。「戦争協力を許し受け入れるべき」だと思いますか。「どちらとも言えない」と考えますか。そのように判断する理由は何ですか。	各自ワークに回答をまとめ発表する	いて戦争を押し進める運動をしてきた。また，一般家庭の監視の役目も果たしてきた。など ・「許し受け入れるべき」総力戦体制のもとで，一般の女性たちの「奉仕」の気持ちから国婦の運動は広がっていったと考えられる。その目的や情熱は純粋なものであったと思う。など
Ⅱ 市民的女性運動指導者の戦争協力・責任に対する評価・判断の実践	2．婦人参政権獲得運動の指導者であった市川房枝の戦時の活動を，どのように評価しますか。 ○市川房枝は，戦前・戦中・戦後にかけてどのような活動をしてきた女性なのでしょうか。	 T．発問する P．資料8をもとに答える	 ・（太平洋戦争期のみ）1942（昭和17）年に各種婦人団体は大日本婦人会へ統合，市川は会の審議員となる。同年，内閣情報局の指導下に置かれた大日本言論報国会（戦時下の言論統制に協力する評論家団体）の理事に就任した。
	○戦後，市川房枝が公職追放（1947年〜1950年）されたのは，なぜだったのでしょうか。市川の戦時期の活動の何が問題とされたのでしょうか。	T．説明する	・GHQにより，大日本言論報国会が「国粋主義的団体」とみなされ，その理事職にあった市川は公職追放された。
	○戦時期，婦選運動家である市川房枝は，なぜ国策遂行団体の役員として活動したのか。そ	T．発問する P．資料9をもとに答える	・市川は，「女性の解放と地位向上，女性の政治参加の権利の拡大を実現しようとしたため」と述べ

	の意図はどこにあったのか。		ている。
	○市川房枝自身は戦後，戦時中の自分の活動をどのように振り返っているのでしょうか。	T．発問する P．資料10をもとに答える	・市川は，「婦人の政治参加と解放の願いをまげることのなかった戦時の活動を，戦争協力とみられても恥じることはない。戦時の状況下での戦争協力は国民の一人として当然のことと思われた。」と述べている。
	●皆さんは，市川房枝の戦時の活動をどのように評価しますか。「戦争協力の間違いをはっきり指摘すべき」だと思いますか。「戦争協力を許し受け入れるべき」だと思いますか。「どちらとも言えない」と考えますか。そのように判断する理由は何ですか。	T．発問する P．グループで議論する 各自ワークに回答をまとめ発表する	・「間違いを指摘すべき」市川は，戦時下，総力戦体制のもとでの女性の参加・協力と女性の解放とをあまりに簡単に結びつけており，結局国家（政府）の側に取り込まれてしまった。など ・「許し受け入れるべき」市川は，自分も含め女性が国策婦人委員として政府の行政へ参加することで，女性の解放と地位向上につながると考えており，その目的や意図は酌むべきである。など
	3．戦時のアメリカでの女性運動家の戦争協力の活動を，どのように評価しますか。 　第二次世界大戦は，自由と民主主義の連合国側（アメリカ・イギリス・フランス中心）と専制と全体主義の同盟国側（ドイツ・イタリア・日本中心）との対決であったと		

Ⅲ　米国大統領夫人による国策遂行活動の戦争協力・責任に対する評価・判断の実践	言われることがあります。		
	○戦時のアメリカでも，女性運動家の戦争協力の活動はありました。戦時のアメリカ合衆国大統領フランクリン・ルーズベルトの妻であり，アメリカを代表する人権活動家であったエリノア・ルーズベルトは，ファーストレディとして，戦時にどのような活動をしたのでしょうか。	T．発問する P．資料11・12をもとに答える	・エリノアは，大統領であり夫であるフランクリンから，民間防衛団の団長補佐に任命された。その職のもとで，国民に戦時の心構えを説くとともに，連合国側の戦争被災者を見舞い励ましたり，外国で戦うアメリカ兵を訪ね励ましました。
	○エリノアは，ドイツをはじめとする同盟国側と戦争を行うことについて，どのような信念を持っていましたか。	T．発問する P．資料13をもとに答える	・平和のためにすべてを犠牲にするという考え方は持っていなかった。 ・自由と民主主義を守るための正義の戦争があるとの信念を持っていた。
	●戦勝国（連合国側）のアメリカ大統領夫人エリノア・ルーズベルトの戦時の活動をどのように評価しますか。「戦争協力の間違いをはっきり指摘すべき」だと思いますか。「戦争協力を許し受け入れるべき」だと思いますか。「どちらとも言えない」と考えますか。そのように判断する理由は何ですか。	T．発問する P．グループで議論する 各自ワークに回答をまとめ発表する	・「間違いを指摘すべき」アメリカ大統領夫人であるという立場であるから，アメリカの戦争の遂行に与える影響は大きいので，戦争責任は問える。など ・「許し受け入れるべき」ファーストレディという立場ではなく，アメリカ国民の一人として，自由と民主主義を守るという彼女の信念にもとづく行動であるならば，戦争責任は問えない。など

Ⅳ　自己の評価・判断基準の対象化と吟味	4．授業を通じて，現在を生きている私たちの立場から，戦時の女性運動家の戦争協力について評価してきました。これまでの自分自身の評価の結果を振り返り，授業全体を通して，どのような基準で評価してきたのかをあらためて考えてみましょう。戦時の女性運動家を評価するための「評価基準」を設定します。どのような「評価基準」を設定するのか，文章で書きましょう。	T．発問する P．グループで議論する 各自ワークに回答をまとめ発表する		基準1：日本は「悪い戦争」を仕掛けた。「悪い戦争」の下にあっても，時代や状況に流されずに，信念に従って常に正しい行為ができなければならない。 基準2：時代や状況の中で，女性運動家たちは女性の社会参加のために主体的に行動した。 基準3：そもそも現在を生きる私たちの価値基準で，戦時を生きた女性運動家たちの戦争協力の活動を評価することはできない。など

【教授学習用資料・出典】

1．（写真資料）「大日本国防婦人会」，野上　毅編『朝日百科　日本の歴史　第11巻　近代Ⅱ』朝日新聞社，1989年，p.11-172。

2．（統計資料）「愛婦・国婦の会員数の推移」，藤井忠俊『国防婦人会』岩波書店，1985年，p.95。

3．（文書資料）「婦人会活動への献身」，吉見義明『草の根のファシズム』東京大学出版会，1987年，pp.84-85。

4．（文書資料）「国防婦人会へ参加した芸者さんの思い」，前掲書2，1985年，p.55。

5．（図版資料）「真の母性愛」（『婦人国防』第101号・1941年6月25日掲載），羽島知之編『資料が語る戦時下の暮し』麻布プロデュース，2011年，p.97。

6．（図版資料）「エプロンは白く，お顔は健康色で」（『婦人国防』第101号・1941年6月25日掲載），同上書，2011年，p.98。

7．（統計資料）「国防婦人会活動に参加した300人へのアンケート」，麹谷美規子『戦争を生きた女性たち－証言・国防婦人会－』ミネルヴァ書房，1985年，pp.66-67。

8．（年表）「市川房枝略年表」，鈴木裕子『母と女－平塚らいてう・市川房枝を軸に－』未來社，1989年，pp.203-207を参考に作成。

9．（文書資料）「片山　哲首相に宛てた市川房枝による公職追放解除の請願書（要約）」，財団法人市川房枝記念会編『市川房枝の言説と活動－年表で検証する公職追放　1937-1950－』財団法人市川房枝記念会出版部，2008年，pp.31-32。

10．（文書資料）「戦後の市川房枝の心情」，『歴史評論』編集部編『近代日本女性史への証言』ドメス出版，1979年，pp.68-69。

11．（文書資料）「人種差別に反対したエリノア・ルーズベルト」，デイビッド・ウィナー（箕浦万里子訳）『エリノア・ルーズベルト』偕成社，1994年，pp.78-85。

12．（文書資料）「アメリカ参戦とエリノア・ルーズベルトの活動」，前掲書11，1994年，pp.99-100。

13．（文書資料）「独裁者に従うより，死んだほうがましです」，前掲書11，1994年，pp.97-98。

【注】

1）「日本の総力戦体制」については，次の文献を参照した。

　・纐纈厚『総力戦体制研究』三一書房，1981年，p.12。

2）「生活」と「運動」の軸および「告発」と「許容」の軸の設定については，次の
　文献を参照した。

　・成田龍一『近代都市空間の文化経験』岩波書店，2003年，pp.314-320。

（梅津正美）

終章　子どもの社会認識の心理・発達に着目した授業開発の成果と課題

I　目的と方法

　本研究は，子どもに社会認識の形成を通して市民的資質を育成する教科の本質を踏まえ，中学校のどの学年段階（あるいは時期）に，どのような教育内容を，どのように指導すれば子どもの社会認識発達を促進できるのかを明らかにすることを目的とした。社会科教育研究としての発達研究は，発達を促進する教育的働きかけの適時性・適切性の問題を検討することがその要諦であると捉え遂行した。

　本研究は，「中学生の社会認識の発達と形成」を解明する目的に対応して，次のような具体的な方法論にもとづき展開した。

①社会科教育で育成をめざす「社会的思考力・判断力」は，社会的事象に関する「知識」と，問いの構成および資料活用の技能を基盤とする「思考技能」とが一体化した能力であると捉えた。こうした理解により「中学生の社会認識の発達・形成」の問題を，教科指導を通した「中学生の社会的思考力・判断力の発達・育成」に変換して考察することができると考えた。

②「学んだ力」としての社会科学力として社会的思考力・判断力を規定し，その育成・評価のための授業および調査問題の類型を設定した。

③中学生の社会的思考力・判断力に焦点をあてた横断的調査と縦断的調査を行い，発達に即した授業実践のための根拠となる，能力の発達的変容

過程に関する実証的データを収集し，発達仮説を導いた。

④中学生の社会的思考力・判断力の発達を促進する教育的働きかけの適時性・適切性を検証するための実験的授業を実施し，それを踏まえて指導方略に関する授業仮説を設定した。

⑤中学生の社会的思考力・判断力の発達促進における能力の構成要素間の階層的連関構造を踏まえた授業仮説を構築した。

⑥「学ぶ力」としての社会科学力の要素になる社会的事象に対する関心・意欲および主体的な学習態度を測定する調査を実施し，中学生の批判的思考力，関心・意欲，主体的な学習態度の発達傾向を検討するとともに，批判的思考力が関心・意欲，主体的な学習態度に対して正の関連をもつか否かを明らかにした。

⑦批判的思考力の発達を促す教育的働きかけとしての歴史授業モデルを開発した。

Ⅱ　成果

　中学生の社会的思考力・判断力の発達と育成に関する本研究の成果は，次のように総括できる。

横断的・縦断的調査の成果

①社会的事象に関する事実を資（史）料にもとづいて確定する事実判断力について，その能力が高ければ他の能力も高いという関係性が見出され，子どもにとって他の能力形成の基盤となる能力である。

②中学生の社会的思考力・判断力は，学年進行に伴って高くなり，特に2年生後半から3年生にかけて伸長する傾向が見られる。

③社会的思考力・判断力を構成する諸能力は互いに独立する能力ではなく，相互に関連しあう能力である。

教育的働きかけの適時性・適切性に係る実験的授業の成果

①中学校2年生後半から3年生の時期に，社会的判断や批判的思考を実際に経験することによって社会的判断力や批判的思考力を育成することができる。
②社会的判断力の育成には演繹的推論能力の育成が基盤となる。
③社会的判断力が，批判的思考力の発達の主要な促進要因である。また，演繹的推論能力も，批判的思考力の発達に影響を与える傾向が見出された。

批判的思考力の発達を促す教育的働きかけとしての歴史授業構成の授業仮説の構築

　中学生に対して，平生から資（史）料にもとづき事実判断力や帰納的推論能力を活用させる実践を展開しつつ，2年生後半から3年生の時期に，①「演繹的推論能力育成授業」，②「社会的判断力育成授業」を①→②の順序で展開するひとまとまりの単元を組み込み実践することにより，批判的思考力の発達を効果的に促進することができるのでないか，とする授業仮説を構築した。

批判的思考力と社会的事象に対する関心・意欲，主体的な学習態度との関連に関する調査の成果

　中学生に対して，社会科教育を通じて批判的思考力を育成することにより，生徒の学校生活や周囲の社会的事象に対する主体的な学習態度の形成につながる可能性が高いと示唆された。

授業仮説にもとづく歴史授業モデルの提案

　授業仮説を踏まえた授業モデルとして，歴史的分野単元「女性と戦争」（5単位時間）を開発した。単元は，前半2単位時間が「演繹的推論能力育成の授業（小単元）」，後半3単位時間が「社会的判断力育成の授業（小単元）」として構成した。各小単元の終結では，子どもに批判的思考力を活用させる学習問題・場面を設定し，子どもに演繹的推論・社会的判断・批判的思考をひとまとまりとして経験させることを意図した。

　本研究では，「社会科教育における社会的思考力・判断力の育成」という教育課題に対して，能力の発達と教育の相互作用の解明という視点から実験

的・実証的な研究方法により一つの回答を与える方法を提案してきた。社会科授業研究における「実験的・実証的授業開発研究」として位置と意義を有することができたと考える。

　一方で，社会科教育研究と心理・発達研究を接合する方法論における限界も自覚している。本研究では，すべての子どもに最善の授業を平等に実施する立場から，社会的思考力・判断力の構成要素間の順序性の異なる4群を設定して，階層的関連性を検討する準実験的な方法を用いた。そのため構成要素間の明確な因果関係を明らかにはできないという限界を有している。また，批判的思考力や社会的判断力といった能力は，1単元の構成と実践によりただちに育成されるものではない。その意味では，上記の「授業仮説」は，能力発達の適時性を踏まえたカリキュラムデザインと単元レベルの授業デザインに活かすための「授業仮説」と捉えることが妥当であろう。

Ⅲ　今後の課題と展望

　今後の課題として，次の2点を挙げる。

　第1は，社会的思考力・判断力の発達における地理的分野・歴史的分野・公民的分野各分野の特殊性・固有性について検討することである。第3章で考察した通り，社会的思考力・判断力の発達に関する横断的調査での歴史的分野と公民的分野の分野間比較において，共通して「2年生から3年生にかけてその能力が伸長する傾向」が見られたものの，調査問題の解答における到達レベル（3段階の基準）については，同じレベルであっても分野により到達している人数に違いが見られたことから，社会的思考力・判断力の発達における分野ごとの特殊性・固有性が示唆された。本研究では，横断的・縦断的調査研究，実験的研究，授業開発研究の一貫した対象は，歴史的分野とした。公民的分野は，横断的調査における分野間比較で対象とした。地理的分野は，本研究の対象にできなかった。今後は，3分野を包括した社会的思

考力・判断力の発達と育成に関する研究へと発展させていきたい。

　第2は，本研究で用いた調査的・実験的・量的研究に，関与的・質的研究を組み込んでいくことである。いわば，社会的思考力・判断力の発達と形成に関する研究を，混合研究法を用いて展開することである。実験的授業Ⅰ・Ⅱを実施するために，社会科教育研究者（梅津・加藤）と授業協力校2校の教諭との合評会を開き，授業者の実践を踏まえて，実験的授業の理論構成（授業構想）とともに，教師の子ども理解や授業展開に必要な技能・態度等について協議した。授業者の高い授業力に接し，子どもの社会的思考力・判断力の発達を促す授業については，教師の授業力が強く影響していると考えられたが，授業における教師と子どもの相互作用については，定量的方法だけではその評価に限界があり，定性的（質的）研究法による読み解きが必要になるとの課題を確認した。調査問題の分析結果の定量的（統計的）な分析手法と，授業のビデオ撮影を通じて収集した教師と子どもの発言内容や教授・学習過程での相互作用に関する定性的（質的）データの分析手法を明確にしていく必要がある。

　本研究は，理論的研究，調査的研究，実験的研究，授業開発研究のすべてにおいて研究者と実践者，研究者同士（同分野，異分野）が協働的に研究に取り組める体制を構築して遂行した。バックグラウンドの異なる研究主体の協働的な対話を通じた「実験的・実証的授業開発研究」は，授業研究の組織のあり方，教師の授業力量の形成にも示唆を与えるものになったと考える。

　こうした研究の体制とプロセスにおいて，研究の趣旨・目的を理解し，ご協力いただいた島根県・徳島県中学校の先生方と中学生の皆様に心からお礼を申し述べたい。

（梅津正美）

お わ り に

　筆者らは，本研究の目的を，中学生の社会的思考力・判断力の発達的変化の実態把握を踏まえて，それらの能力の発達を促す教育的働きかけとなる社会科授業モデルを開発すること（能力の発達と教育（育成）の相互作用の解明）に定めた。そして，横断的・縦断的調査から得た発達仮説を踏まえて批判的思考力を育成するためには，帰納的推論能力，演繹的推論能力，社会的判断力のどの能力に焦点化しながら授業を構成することが効果的かを歴史的分野の実験的授業を通じて明らかにするとともに，授業から得られたデータの解析・評価にもとづいて授業仮説を得て，それを踏まえた中学生の批判的思考力の発達を促す教育的働きかけとなる社会科（歴史的分野）授業モデルを開発することを方法として研究を遂行した（実験的・実証的授業開発研究）。また，本研究は，社会科教育の研究者，発達心理学の研究者，および授業協力校の中学校社会科教諭からなる研究チームにより，理論的研究，調査的研究，実験的研究，授業開発研究のすべての過程において協働的に遂行された（協働的研究体制による研究遂行）。

　中学校社会科における能力の発達と教育の相互作用の解明を目的に，実験的・実証的な授業開発を，研究者と実践者，異分野の研究者同士の協働的な体制により遂行した本研究は，日本の社会科授業研究において独自の位置と意義を有することができたのではないかと筆者らは考えている。

　一方で，筆者らは，本研究の目的と方法に関わる「発達と教育の相互作用」，「実験的・実証的授業開発研究」いずれのキーワードも，社会科授業研究における争点を形成していることを承知しており，研究方法の限界や成果の限定性について留意してきた。

　「発達仮説」について言えば，本研究では，横断的・縦断的調査や実験的

授業を通して，「中学校2年生後半から3年生の時期，社会的判断や批判的思考を実際に経験することによって社会的判断力や批判的思考力を育成できる」とする仮説を導いているが，当然のことながらこの仮説は「中学校2年生後半から3年生の時期までは，社会的判断力や批判的思考力の育成を目指す授業を実施することは時宜を得ず不適切である」と述べている訳ではない。教育や授業は，子どもの成長・発達を目指す目標を明確にかかげ，目の前にいる子どもの実態や状況に即して教師がその適時性と適切性を判断して実施されるものであるけれども，教師が授業の開発・実践・評価に係る意思決定のひとつの根拠になる子ども理解の視点や確からしいデータを提供することが大切であると考え本研究を遂行した。

　「実験的授業」について言えば，すべての子どもに最善の授業を平等に実施する教科教育としての立場から，調査的研究や実験的研究において実験群と統制群を設定することはしないで，敢えて社会的思考力・判断力の構成要素間の階層的関連性を検討する準実験的方法を採ることとした。

　「実証的授業開発研究」という時の「実証」の中身についても限定をかけねばならない。本研究が基本的に，調査的・実験的方法により得た数量データを解析・評価して社会的思考力・判断力に関する発達仮説と授業仮説を一般化するスタイルの研究であることから，授業における教師と子ども，あるいは子ども同士の状況における対話や協働的な学習活動が，能力の発達の促進にどのように影響しているのかなどは「実証」の対象となっていない。能力の発達と教育の相互作用の「実証」における本研究の限界である。実証的研究方法としての調査的・量的研究と関与的・質的研究の統合（混合研究法の確立）の課題は，日本の社会科教育（授業）研究において，体系的な研究成果をもとにした解決の道筋を未だ見いだせていない。上記の課題に理論的・実証的に応える研究成果を期待するとともに，筆者らも本研究を契機にあらためてチャレンジしていきたい。

　本書は，加藤寿朗を代表者とする13年間に及ぶ科学研究費助成事業の成果

を公刊したものである。この長きにわたる研究期間に，調査や実験的授業等にご協力いただいた島根県・徳島県中学校の先生方と中学生の皆さんにあらためて心よりお礼を申し上げたい。

　最後に，本書の刊行を快くお引き受けくださった風間書房社長の風間敬子氏，並びに煩雑な編集の労をとってくださった斉藤宗親氏に対して深甚なる感謝の意を表したい。

梅津正美

資料編

資料1　歴史的分野問題「中世の武士」

> 1．これはテストではありません。設問に対して，あなたが考えたことを書いて
> ください。
>
> 2．答えてもらったことは，学年ごとにまとめて分析するので，あなたがどのよ
> うに答えたかを人に知られることはありません。
>
> 3．時間は設定しませんので，問題をよく読み，よく考えて，最後まできちんと
> 書いて下さい。
>
> （　　　　）中学校　（　　　　）年　　　男　　　女
>
> ┌─────┐
> │　　　　│　番
> └─────┘

資料1　地方の武士のくらし

出典　『社会科　中学生の歴史』帝国書院（2006年発行），pp.52-53
作画　香川元太郎

<u>問題1</u>

　上の資料1は，鎌倉時代の武士の館を描いたイラストです。「武士とは何だろうか」という問いに対して，このイラストから武士の姿を読み取り，それをできるだけ多く書きなさい。

<u>問題2</u>

　源　義経は，1184年の一ノ谷の戦いや1185年の壇ノ浦の戦いで平氏を破り，平氏打倒のために中心的な役割を果たしました。平氏の滅亡後，義経は，鎌倉の源　頼朝の許可を得ることなく後白河法皇から高い官位を受けました。勝手に官位を受けたことに兄の頼朝は怒りました。そして，義経が鎌倉へ入ることを止めてしまいました。

　下の文章は，その時，頼朝にむけて義経が自分の心情を書いた手紙の一部（現代語訳）です。

　　私は，平家を攻め滅ぼすため，ある時は険しくそびえ立つ岩山で愛馬にむち打ち，敵のために命を失うことを恐れず，またある時は身を海の底に沈め，鯨のえさになることも苦痛としないで戦ってきました。

　　自分が高い官位に任ぜられたのは，源氏にとって大変すばらしいことであり，重要な役目をいただいたと考えております。私には，全く野心が無いことを日本国中の神様にちかいます。

小問1 （問題2-1）

　あなたは，頼朝が「義経の鎌倉入りを許さない」と決断したことを，どのように考えますか。

① 正しい判断である。
② 間違った判断である。
③ どちらとも言えない。

番　号

小問2 （問題2-2）

　あなたはなぜそのように考えましたか。

問題3

　元寇とは，日本の鎌倉時代に，当時中国大陸を支配していた元による2度の襲来（攻めること）のことです。1度目を文永の役，2度目を弘安の役といいます。元の襲来は，幕府軍の抵抗や，台風の影響もあって失敗に終わりました。しかし，この元寇は，鎌倉幕府が衰える大きな原因になりました。

　右の資料2は，御家人の竹崎季長が，文永の役で元軍と戦っている様子を描いた絵です。また，資料3は，元との戦いの後，鎌倉へ出かけた季長が，恩賞奉行の安達泰盛に会い，恩賞（土地の給与）を要求している様子を描いた絵です。

資料2　竹崎季長が文永の役で元軍と戦っている様子（図版略）

出典　『蒙古襲来絵詞』宮内庁三の丸尚蔵館蔵
　　　（帝国書院版『社会科　中学生の歴史　初訂』p.60）

資料3　恩賞の要求の様子（図版略）

出典　『蒙古襲来絵詞』宮内庁三の丸尚蔵館蔵
　　　（全国中学校社会科教育研究会『歴史資料集』新学社 p.49）

小問1　（問題3-1）

　竹崎季長は恩賞をもらうために，安達泰盛に何と言ったと思いますか。あなたが，季長になったつもりで，その願いを説得力をもって主張しなさい。

+---+
| |
| |
| |
| |
| |
| |
| |
+---+

小問2　（問題3-2）

　元との戦いの後，外国との戦いであったために御家人たちへの恩賞（土地の給与）が不十分でした。そのため多くの御家人が経済的に困りました。しかし，御家人の幕府に対する不満が大きくなった原因は，恩賞の少なさだけではありませんでした。
　御家人が経済的に苦しくなり，鎌倉幕府が衰えていった理由を，次の2つの言葉を使いながら関連づけて説明しなさい。

166

【領地を分割して相続，商業の発達】

問題4

　「元寇（げんこう）」という歴史用語について，先生，さとる君，まさみさんの会話文を読み，まさみさんの文中の□に入れる言葉を考えて，右の□に書きなさい。

先　生：「元寇」については小学校の歴史学習でも勉強したと思います。みなさんは，「元寇」という出来事についてどのようなイメージを持っていますか。

さとる：日本が元に支配されることを断ったために元軍の攻撃を受けたので，日本が元に侵略されたというイメージが強いです。

まさみ：私は漢字の意味を調べてみたんだけど，「元寇」の「寇」の字は，どろぼう，強盗を意味しています。元軍は「悪者」というイメージが強いわね。

先　生：実は，「元寇」という歴史用語は，幕末から明治以降によく使われるようになり，国民の間にも定着していきました。元軍との合戦のことを，その当時は「蒙古合戦」と呼んでいました。現在では，「元寇」と「蒙古襲来」の両方の用語が使い分けられています。どうして，この時期に「元寇」という言葉が使われるようになったのかな。

さとる：ぼくは，この時期の年表を作ってみました。

まさみ：私は，幕末から明治以降の時期に「元寇」という言葉が使われるようになったのは，□□□□□のねらいがあったのではないかと思います。

先　生：「元寇」という用語の使い方と歴史的な出来事についてのイメージとは深く結びついているようなので注意しておく必要がありますね。

さとる君が作った年表

1867	明治維新
1894〜	日清戦争が始まる（〜1895）
1895	下関条約を結ぶ
1904〜	日露戦争が始まる（〜1905）
1910	韓国を併合する
1931	満州事変がおこる
1937〜	日中戦争が始まる（〜1945）
1945	第二次世界大戦が終わる

168

資料2　歴史的分野問題「中世の

問題類型		番号	問題内容	分析の観点	レベル	評価基準
社会認識力育成型	「事実判断」問題	問題1	「武士とは何か」について指摘させた。	評価基準にもとづいて，回答を分類した。		a 武術の鍛錬
						b 主従関係
						c 地域の支配者としての領主
						d 武士の台頭によってもたらされる文化
						e 武士の館と生活
						f 暮らしの中の動物
	「帰納的推論」問題	問題3-1	恩賞奉行である安達泰盛に対して，恩賞を要求する竹崎季長の主張を自由記述させた。	評価基準にもとづいて3つのレベル（レベル低：0，レベル中：1，レベル高：2）に分類した。	0	事実を間違って捉えている。説明不足である。設問に正対していない
					1	心情などの主観的な観点から主張しているが，（鎌倉期の）時代の社会の特色などを根拠としていない
					2	（鎌倉期の）時代の社会の特色などを根拠に主張している
						上記以外の回答
						無回答
	「演繹的推論」問題	問題3-2	鎌倉幕府が衰えた理由について，2つの言葉（「領地を分割して相続」と「商業の発達」）を関連付けながら自由記述させた。	評価基準にもとづいて3つのレベル（レベル低：0，レベル中：1，レベル高：2）に分類した。	0	事実を間違って捉えている。説明不足である。設問に正対していない
					1	1つまたは，それぞれの言葉を使った因果の説明は正しいが，2つの内容を関連付けて説明されてはいない
					2	それぞれの言葉を使った因果の説明が正しく，さらに2つの内容を関連付けながら説明されている
						上記以外の回答
						無回答
社会的の判断力育成型	「価値判断・意思決定」問題	問題2-1	頼朝が「義経の鎌倉入りを許さない」と決断したことついての意見を選択させた。	選択した選択肢の番号		①正しい判断である ②間違った判断である ③どちらとも言えない
		問題2-2	問題2-1の選択肢を選んだ理由を自由記述させた。	評価基準にもとづいて3つのレベル（レベル低：0，レベル中：1，レベル高：2）に分類した。	0	判断結果（問題2-1）と根拠（問題2-2）の内容が不整合である
					1	判断結果（問題2-1）と根拠（問題2-2）の内容は整合するが，（鎌倉期の）時代の社会の特色を意識しない判断である
					2	判断結果（問題2-1）と根拠（問題2-2）の内容は整合し，時代の社会の特色を意識した判断である
						上記以外の回答
						無回答
批判的思考力育成型	「批判的思考」問題	問題4	幕末から明治以降の時期に「元寇」という言葉が使われたねらいを推測させ自由記述を求めた。	評価基準にもとづいて3つのレベル（レベル低：0，レベル中：1，レベル高：2）に分類した。	0	事実を間違って捉えている。説明不足である。設問に正対していない
					1	「元寇」という言葉は，相手を悪く言うような差別的な言葉として使われていることがわかる
					2	「元寇」という言葉は，人・組織・社会（時代）がある意図をもって使った言葉であり，言葉の背後の価値観や立場性がわかる
						上記以外の回答
						無回答

武士」の評価基準と模範回答例

模範回答例
武士は，騎馬や弓射など武芸を職業としている者（戦いのプロ）である。自分たちの武器を自分で管理することが武士のたしなみのひとつであった。
武士団には主従の関係があった（領主・家人・郎党など）。
地域の支配者としての領主：武士は，在地の支配者（領主）であり，農民から年貢を徴収していた。
念仏信仰や田楽がはやった。
武士の屋敷は板敷きであった。質素な暮らしをしていた。母屋と違う場所に馬屋が設けられていた。戦いに備えた館に住んでいた。烏帽子をかぶっていた。
馬，猿，犬，鷹，猫を飼っていた。
私は元軍が九州に来襲してきたとき，幕府（将軍）をお守りするため先頭をきって出陣しました。元軍は今まで見たこともないような武器を使い集団で攻めてきましたが，私は恐れることなく命がけで戦い，敵を追い払うことができました。これまでは戦いの功績に対しては，必ず恩賞がありましたが，今度の戦いではなぜ今だに恩賞のお沙汰（知らせ）がないのでしょうか。このままでは私たち御家人の幕府に対する忠誠心も揺らいでしまいます。どうか私の働きにふさわしい恩賞をいただきたくお願いいたします。
鎌倉武士は，嫡男が主な財産を相続し，その他を兄弟姉妹が分けていくという方法で，領地を分割して相続していた。こうした方法を代々繰り返していくと領地は細分化し，自給することさえ困難になる御家人が多くなった。また，商業の発達に伴い貨幣経済に御家人が巻き込まれていくようになると，御家人の中には高利貸しから借金をし，返済できなくなると先祖伝来の土地を手放す者が増加した。このように御家人が経済的に苦しくなり没落していったことが，鎌倉幕府が衰えていった大きな原因である。
①正しい判断である ・義経は京都（朝廷）の影響を受けているので，鎌倉の御恩と奉公にもとづく将軍（頼朝）と御家人との主従関係がくずれてしまうと考えられるからだ。 ・幕府のなかに頼朝と義経という二重の権力が生まれてしまい，権力争いが生じる危険性があるからだ。 ・血縁を重視して義経を鎌倉に迎えれば，平氏と同じ道をたどる可能性がある。 ②間違った判断である ・義経は平氏を倒した立役者だ。義経の功績を考えれば，鎌倉に迎えるのは当然だ。 ・義経は頼朝の血を分けた弟であり，しかも英雄だ。人間としての感情からして，当然義経を鎌倉に迎え入れるべきだ。 ・義経は京都（朝廷）と結んだことを心から反省している。義経を許し，武芸に秀で能力の高い彼を幕府の中で活かすことを考えたほうが，幕府の権力が安定する。 ③どちらともいえない ・そもそも歴史における決断は，その時代の社会を生きた人間が，その時の状況の中で下したものである。過去にひとつの決断がなされたことに対して，現代に生きる私たちが，「正しい」とか「間違っていた」とかを判定すべきではない。
日本の政府が，第二次世界大戦が終わるまで侵略の対象としていた中国や朝鮮（韓国）に対する日本国民の敵対心をあおり，国民の団結をはかるとともに，政府の政策への支持を取りつける。

資料3　公民的分野問題「小売業」

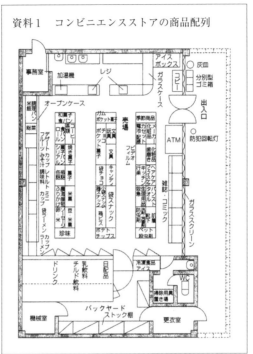

資料1　コンビニエンスストアの商品配列

出典：木下安司『コンビニエンスストアの知識』日本経済新
聞社，2002年，p.146，をもとに作成。

小売店に関する次の文章を読んで，以下の問題に答えなさい。

　コンビニエンスストアとは，その名前が示す通り「便利さを提供する店」です。日本では1970年代前半に登場して以降，年中無休・長時間営業という時間の便利さ，家や職場の近くにある立地の便利さ，一カ所で必要な物を買うことができる便利さを提供する店として成長してきました。最近では，宅配便，公共料金の納入，チケットの購入などの「新しい便利さ」も提供しており，私たちの生活に欠かせない店になっています。

問題1

　左の資料1は，コンビニエンスストアの商品の配置図を示しています。コンビニエンスストアでは，お客に1つでも多くの商品を買ってもらうために様々な工夫をしています。資料1からその工夫をできるだけ多く見つけて書きなさい。

問題2

　24時間（深夜）営業は，コンビニエンスストアが提供する「便利さ」のひとつですが，最近，京都市などいくつかの地方自治体では，コンビニエンスストアの24時間営業を規制しようとする動きが広がっています。

小問1 （問題2-1）

　あなたは，「コンビニエンスストアの24時間（深夜）営業の規制は必要である」という意見をどのように考えますか。

　①賛成である。
　②反対である。
　③どちらとも言えない。

番　号

小問2 （問題2-2）

　あなたはなぜそのように考えましたか。考えた理由をすべて書きなさい。

<u>問題3</u>

　コンビニエンスストアでは，お客が買い物をしてレジを通ると，バーコードなどから商品名，数量，販売時間，客の年齢・性別に関する情報をコンピュータで集計・管理するしくみができています。これを「POS（ポス）システム」と言います。

小問1 （問題3-1）

　あなたがコンビニエンスストアの店長だったら，売り上げを伸ばすために，この<u>POS（ポス）システムからの情報</u>をどのように活用しますか。

```



```

小問2 （問題3-2）

　あなたが店長をしているコンビニエンスストアの近くに，最近，別のコンビニエンスストアが建ちました。あなたは，売り上げを伸ばすために，<u>POS（ポス）システムからの情報（商品名，数量，販売時間，客の年齢・性別）以外</u>にどのような情報を集めますか。集めたい情報とその理由をすべて書きなさい。

```



```

<u>問題4</u>

　山中町の家電屋についての話です。この町では最近，大型の電気店ができました。次の文は，個人経営の「町の電気屋」であるＡ店の店長さんと，さとる君，まさみさんの会話文です。下の資料2を参考にしながら，さとる君の文中の□に入れる言葉を考えて，下の□に書きなさい。

資料2　「町の電気屋」Ａ店のチラシ

さとる：最近，お店の近くに大きな電気店ができましたね。

店　長：そうなんだ。大型家電量販店というのだけど，大きい建物なのでたくさんの種類の電気製品をそろえている。その他にも，ポイントサービスや現金の値引きもしているらしいんだ。

まさみ：だからＡ店では，新しいチラシ（資料2）を作って配っているのですね。

さとる：なるほど。このチラシを見ると□□□□□□□をねらっているのですね。

店　長：お店を続けていくためには，その店の特徴に合った経営をすることが必要なんだ。

資料4　公民的分野問題「小売

問題類型		番号	問題内容	分析の観点	レベル	評価基準
社会認識力育成型	「事実判断」問題	問題1	コンビニエンスストアにおける工夫を指摘させた。	評価基準にもとづいて，回答を分類した。		a 商品
						b 店舗設計
						c レイアウト
						d 施設，備品
						e 商品配置
						f 安全，衛生への配慮
	「帰納的推論」問題	問題3-1	コンビニエンスストアでPOSシステムからの情報をどのように活用するかを自由記述させた。	評価基準にもとづいて3つのレベル（レベル低：0，レベル中：1，レベル高：2）に分類した。	0	事実を間違って捉えている。説明不足である。設問に正対していない
					1	2つの情報を使いながら活用の仕方を考えている
					2	3つ以上の情報を使いながら活用の仕方を考えている
						上記以外の回答
						無回答
	「演繹的推論」問題	問題3-2	売り上げ上昇のために既存のPOSシステム情報以外にどのような情報を集めるかとその情報を集める理由を自由記述させた。	評価基準にもとづいて3つのレベル（レベル低：0，レベル中：1，レベル高：2）に分類した。	0	事実を間違って捉えている。説明不足である。設問に正対していない
					1	1つの情報とその理由をあげながら正しく説明している
					2	2つ以上の情報とそれぞれの理由をあげながら正しく説明している
						上記以外の回答
						無回答
社会的判断力育成型	「価値判断・意思決定」問題	問題2-1	コンビニエンスストアの24時間営業規制に対する意見を選択させた。	選択した選択肢の番号		①賛成である ②反対である ③どちらとも言えない
		問題2-2	問題2-1の選択肢を選んだ理由を自由記述させた。	評価基準にもとづいて3つのレベル（レベル低：0，レベル中：1，レベル高：2）に分類した。	0	判断結果（問題2-1）と根拠（問題2-2）の内容が不整合
						判断結果（問題2-1）と根拠（問題2-2）の内容は整合するが，現代社会の特徴に関わる1つの視点からだけの判断である
					2	判断結果（問題2-1）と根拠（問題2-2）の内容が整合し，現代社会の特徴を多面的に捉えた判断である
						上記以外の回答
						無回答
批判的思考力育成型	「批判的思考」問題	問題4	会話文と資料（「町の電気屋」A店のチラシ）から，「町の電気屋」A店の販売戦略を推測させ自由記述を求めた。	評価基準にもとづいて3つのレベル（レベル低：0，レベル中：1，レベル高：2）に分類した。	0	事実を間違って捉えている。説明不足である。設問に正対していない
					1	小売店（家電屋）は，業態（専門店と量販店）ごとに異なった経営努力（経営方針）を行っていることがわかる
					2	業態ごとに異なる小売店の経営努力の意図・目的を，販売と消費活動の相互的な関係からわかる
						上記以外の回答
						無回答

業」の評価基準と模範回答例

模範回答例
目玉商品や季節商品，弁当類や飲み物を充実させるなど品揃えの傾向が他の店と違う。品揃えの量は多くないが，店の大きさのわりに種類は豊富である。
開放度や透明度を高めるガラススクリーン。視線を遮らない棚の配置，明るい照明，商品をすぐに充足できるバックヤード。
島型に商品を陳列，動線（左回り），出入り口近くにレジや ATM・コピー機，店の奥にあるトイレ
加温器，2つのレジ，ATM，コピー機，トイレ，灰皿，ゴミ箱，オープンケース
ついで買いしやすい商品のくくり，関連商品や値段が近い商品を近くに配置，季節商品や目玉商品をレジの近くに配置，売れ筋商品を店の奥に配置
防犯灯や分別ゴミ箱など安全や衛生への配慮
・どの時間帯に，どの商品（弁当，惣菜，飲み物）がよく売れるのか，どのような組み合わせでお客は商品を買うことが多いのかを調べて，商品の仕入れの量を考える。 ・どのようなお客が，どのような時間に多く来るのか，何を買うのかを調べ，時間帯と売れる商品を考えて仕入れ量を調整する。 ・よく売れる時期，時間，量，客層などを調べて新しいヒット商品の開発に役立てる。
・運動会や祭など地域の行事や天候を調べ，お客のニーズを予想して商品の仕入れの量を調整する。 ・ライバル店の客層や売れ筋商品，サービスなどを調べて，違った商品を置いたり，異なるサービスをしたりして客を呼び込む。
①賛成である ・お客がいるかどうかにかかわらず営業することによって電気エネルギーを無駄に消費している。また，特に深夜における青少年の非行につながることが多いから。 ②反対である ・深夜や早朝に働く人や夜型の生活をする人など，人々の多様な生活の時間帯に対応するためには24時間営業の店が必要である。また，特に深夜の犯罪などの防犯効果があるから。 ③どちらとも言えない ・特に深夜における青少年の非行につながると言われる一方，防犯の効果があるから。
・顧客のニーズに合った個人経営ならではの細かなサービス（地域行事や客の年齢に合ったサービス，家電修理の相談）をすることによって，大型店と経営戦略の差別化を図り，売り上げを伸ばすこと。 ・城中地区に絞って呼びかけ，個人経営だからこそできるサービスをしながら城中地区を中心とした客を確保すること。 ・「今だけ」「君だけ」「特別サービス」「あなたの町の」という「限定」を示す言葉を使ってお客の購買意欲を高めながら地域に根ざした店であることを訴えること。

資料5　歴史的分野問題「太平洋戦争」

アジア・太平洋戦争に関係する下の年表を参考にして，問題1に答えなさい。

1930（昭和5）年		日本中が大不況（昭和恐慌）になる
1931（昭和6）年	9月18日	満州事変がはじまる
1937（昭和12）年	7月7日	盧溝橋事件がおきる（日中戦争がはじまる）
1939（昭和14）年	9月1日	ヨーロッパで第二次世界大戦がはじまる
1941（昭和16）年	12月8日	日本軍が，ハワイの真珠湾を攻撃する（米英に宣戦布告）
1942（昭和17）年	6月5日	ミッドウェー海戦で日本軍が大敗する
1943（昭和18）年	2月7日	日本軍が，ガダルカナル島を撤退する
1944（昭和19）年	7月7日	サイパン島の日本軍守備隊が全滅する
	11月24日	マリアナ諸島から出撃したB-29爆撃機が東京を空襲する
1945（昭和20）年	4月1日	アメリカ軍が沖縄本島に上陸する
	8月6日	広島，9日には長崎に原子爆弾が投下される
	8月14日	日本政府，ポツダム宣言を受諾し無条件降伏

問題1

　次のグラフは，1940（昭和15）年から1945（昭和20）年の生活物資の生産状態の変化を示しています。

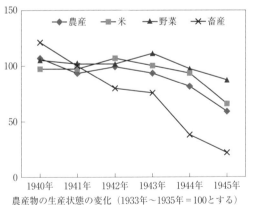

農産物の生産状態の変化（1933年～1935年＝100とする）

（法政大学大原社会問題研究所（編）『日本労働年鑑　特集版　太平洋戦争下の労働者状態』より作成。）

　グラフから分かるように，1943（昭和18）年頃から生活のために特に必要な農産物の生産が大きく減少しています。資料１と資料２から考えられる「農産物の生産減少」の理由を　　　　　　　の中に説明しなさい。

資料１　徴兵率の変化

	徴兵年齢	徴兵率※
1941年	20～35歳	6.9%
1943年	19～40歳	10.0%
1945年	17～45歳	20.5%

※　男性人口に占める兵役にとられた者の割合

日中戦争のはじまりから太平洋戦争の終戦まで，
徴兵された20歳以上の農村男子
200万人
工場に徴用された農村男子
132万人

資料２　男性労働者の変化

(万人)

	農業		重工業		運輸業		鉱業	
1930年	747		138		120		27	
1940年	627	40%減	326	6.3倍	136	1.2倍	53	2.4倍
1944年	433		501		146		66	

（資料１と資料２は，歴史資料集『つながる歴史』浜島書店，p.212をもとに作成。）

178

アジア・太平洋戦争に関係する下の年表を参考にして，問題2に答えなさい。

1930（昭和5）年		日本中が大不況（昭和恐慌）になる
1931（昭和6）年	9月18日	満州事変がはじまる
1937（昭和12）年	7月7日	盧溝橋事件がおきる（日中戦争がはじまる）
1939（昭和14）年	9月1日	ヨーロッパで第二次世界大戦がはじまる
1941（昭和16）年	12月8日	日本軍が，ハワイの真珠湾を攻撃する（米英に宣戦布告）
1942（昭和17）年	6月5日	ミッドウェー海戦で日本軍が大敗する
1943（昭和18）年	2月7日	日本軍が，ガダルカナル島を撤退する
1944（昭和19）年	7月7日	サイパン島の日本軍守備隊が全滅する
	11月24日	マリアナ諸島から出撃したB-29爆撃機が東京を空襲する
1945（昭和20）年	4月1日	アメリカ軍が沖縄本島に上陸する
	8月6日	広島，9日には長崎に原子爆弾が投下される
	8月14日	日本政府，ポツダム宣言を受諾し無条件降伏

問題2

総力戦体制について研究している歴史家たちの間には，以下に示すような意見があります。

「戦争を行うために，国家がすべての資源や人員，社会の制度を合理的に組織しようとすること（総力戦体制）の結果として，一見非合理と思われる戦争が，社会の人々の関係を変化させ，平等や民主化を促す場合がある。」

（石津朋之『戦争学原論』筑摩書房，pp.230-231を参考にして，分かりやすく要約した。）

上の意見をふまえて，戦時中の「配給制」も下線部のような役割を持ったものの一つとして指摘されています。なぜ，人々の生活を困窮させた「配給制」が，社会的な平等や民主化を促す役割を持つと言えるのか，歴史家の意見をよく読み，資料3と資料4を参考にして　　　　　　　の中に説明しなさい。

資料3　配給制度のしくみ－東京市の場合－

戦争が長びくにつれて，食料をはじめ生活に必要な物資が配給制になりました。

米やみそ，しょう油などの生活必需品は，1人あるいは1世帯あたりの配給量が決

められました。各世帯には通帳が配られ，通帳を定められた商店に持参して，通帳に
チェックを受け，誰もが定められた量を，政府が決めた価格で買い入れました。
　衣料品などの日用品については，限度量にあたる切符を配布することにより，多く
の量を使う人が出ないように政府の指導が徹底されました。人々は，切符と代金を持
って商店に買いに行きました。

品　目（開始年月）	配　当　量
米（1941年4月）	普通成人1人1日あたり330グラム
みそ・しょう油（1942年2月）	1人・1月あたりみそ183匁（約686グラム） しょう油3合7勺（666ミリリットル）
塩（1942年1月）	1人・1月あたり200グラム
衣料品（1942年2月）	1人1年間100点（衣料切符） くつ下2点・ズボン15点・背広50点

（武光誠他著『地図・年表・図解でみる日本の歴史　下』小学館，p.98より作成。）

資料4　1944（昭和19）年に内務省がまとめた国民の意識に関するレポートより
　「魚も野菜も極く少量です。これで人間が生きて行けると政府の役人は思っている
のですから…。自分達は不自由のない生活をしていて，実際配給だけの生活の苦しみ
なんか知らないのです。早く戦争が終わればよいと思います。〈杉並の女性の意見〉」
　（大日方純夫他著『日本近現代史を読む』新日本出版社，p.168より引用。一部表記を変更した。）

アジア・太平洋戦争に関係する下の年表と地図を参考にして，問題3に答えなさい。

1930（昭和5）年		日本中が大不況（昭和恐慌）になる
1931（昭和6）年	9月18日	満州事変がはじまる
1937（昭和12）年	7月7日	盧溝橋事件がおきる（日中戦争がはじまる）
1939（昭和14）年	9月1日	ヨーロッパで第二次世界大戦がはじまる
1941（昭和16）年	12月8日	日本軍が，ハワイの真珠湾を攻撃する（米英に宣戦布告）
1942（昭和17）年	6月5日	ミッドウェー海戦で日本軍が大敗する
1943（昭和18）年	2月7日	日本軍が，ガダルカナル島を撤退する
1944（昭和19）年	7月7日	サイパン島の日本軍守備隊が全滅する
	11月24日	マリアナ諸島から出撃したB-29爆撃機が東京を空襲する
1945（昭和20）年	4月1日	アメリカ軍が沖縄本島に上陸する
	8月6日	広島，9日には長崎に原子爆弾が投下される
	8月14日	日本政府，ポツダム宣言を受諾し無条件降伏

（『社会科　中学生の歴史』帝国書院（2012年発行），p.210より引用。）

<u>問題3</u>

　資料5は，1944（昭和19）年2月23日付けの毎日新聞朝刊に掲載された記事で，海
軍省の担当だった新名丈夫記者が書いたものです。この記事を読んだ当時の東條英
機総理大臣兼陸軍大臣は，「陸軍の根本作戦への批判である」として激怒し，記事を
掲載した新聞の発行禁止を命じました。

資料5

> 見出し
>
> 　「勝利か滅亡か。戦局はここまで来た。竹槍では間に合わない。飛行機だ，海
> 洋航空機だ。」
>
> 記事本文
>
> 　「眼をしっかりと開いて見なければならない，敵の猛烈な侵攻を。開戦以来二
> 年二ヶ月，緒戦の熱気あふれる日本軍の進撃に対する敵の盛り返しにより，勝利
> か滅亡か国家の存亡の事態が現実となりつつあるのだ。大東亜戦争は太平洋戦争
> であり海洋戦である。本土沿岸に敵が侵入してきたら，もはや万事休すである。
> 竹槍では間に合わない。飛行機だ，海洋航空機だ。
> 　ガダルカナル以来，過去一年半余り，わが忠勇なる陸・海軍の将校・兵士の死
> 闘にもかかわらず，太平洋の戦線は次第に後退の一途をたどっている。このいき
> どおるべき事実をわれわれは深く考えなければならない。敵が飛行機で攻めてく
> るのに竹槍をもっては戦えないのだ。問題は兵力の結集である。」
>
> （記事は，春原昭彦『日本新聞通史』新泉社，p.224より一部要約して引用。現代文に改め
> た。）

小問1　記者の報道の仕方について，あなたはどのように考えますか。あなたの考え
　　　　に近いものを，①〜③から選び，番号で答えなさい。

　①記者の報道の仕方は，正しいと思う。
　②記者の報道の仕方は，正しくないと思う。
　③どちらとも言えない。

番　号

小問2　あなたはなぜそのように考えましたか。その根拠を◻︎◻︎◻︎の中に説明しなさい。

◻︎

アジア・太平洋戦争に関係する下の年表を参考にして，問題4に答えなさい。

1930（昭和5）年		日本中が大不況（昭和 恐 慌）になる
1931（昭和6）年	9月18日	満 州 事変がはじまる
1937（昭和12）年	7月7日	盧溝 橋 事件がおきる（日中戦争がはじまる）
1939（昭和14）年	9月1日	ヨーロッパで第二次世界大戦がはじまる
1941（昭和16）年	12月8日	日本軍が，ハワイの真珠湾を攻撃する （米英に宣戦布告）
1942（昭和17）年	6月5日	ミッドウェー海戦で日本軍が大敗する
1943（昭和18）年	2月7日	日本軍が，ガダルカナル島を撤退する
1944（昭和19）年	7月7日	サイパン島の日本軍守備隊が全滅する
	11月24日	マリアナ諸島から出撃したB-29爆撃機が東京を空襲する
1945（昭和20）年	4月1日	アメリカ軍が沖縄本島に上陸する
	8月6日	広島，9日には長崎に原子爆弾が投下される
	8月14日	日本政府，ポツダム宣言を受諾し無条件降伏

問題4

　ようこさんは，戦時中の日本国民のくらしについての調べ学習で，人々の身体と健康に着目して，「強制された健康」というテーマで発表しようと計画しています。

　ようこさんは「強制された健康」というテーマで何を伝えようとしたのでしょうか。ようこさんの発表のねらいを，右の資料6と資料7をもとに考えて，◻︎◻︎◻︎の中に説明しなさい。

資料6　健康の増進と結核予防を宣伝するポスター

標語は「健康は身のため国の為」

標語は「結核ない国強い国」

（内務省　1930年ごろ）　　　　　　　　（結核予防会　1939年）

（鹿野政直『桃太郎さがし－健康観の近代－』朝日新聞社，p. 32より引用。）

資料7　戦時下の女性のつとめ（内務省1931年）

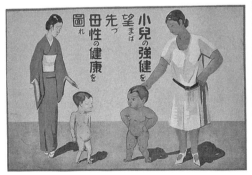

（さし絵中の標語の現代文）
丈夫な体の子供を望もうとすれば、まず、母親の健康を心がけよ

（鹿野政直『桃太郎さがし－健康観の近代－』朝日新聞社，p. 37より引用。）

資料6　歴史的分野問題「太平洋

問題類型	問　題	レベル	評価基準
社会認識力育成型	帰納的推論問題　問題1	0	間違っている
		1	1つの資料を活用して記述している。
		2	2つの資料を活用し，それぞれ個別に記述している。
		3	2つの資料を関連づけて記述している。
	演繹的推論問題　問題2	0	間違っている
		1	①「配給制のもつ平等性」，②「役得による不正に対する異議申し立てを通じた民主化の促進」の2つの内容について，1つの内容を取り上げ，資料から読み取れる1つの事実にもとづいて記述している。
		2	1つの内容を取り上げ，資料から読み取れる2つ以上の事実にもとづいて記述している。
		3	2つの内容を取り上げ，資料から読み取れる2つ以上の事実を関連づけて記述している。
社会的判断力育成型	社会的判断問題　問題3	0	判断結果と根拠の内容が不整合である。
		1	判断結果と根拠の内容が整合しているが，時代の社会の特色を意識した判断をしていない。
		2	判断結果と根拠の内容が整合し，根拠として1つの事実を取り上げて時代の社会の特色を意識した判断をしている。
		3	判断結果と根拠の内容が整合し，根拠として2つ以上の事実を取り上げて時代の社会の特色を意識した判断をしている。
批判的思考力育成型	批判的思考問題　問題4	0	間違っている
		1	①「戦争遂行のために，国家による「体力増強」規範の浸透が図られたこと」，②「「体力増強」規範の強制により社会問題（差別や排除の問題）が生じたこと」の2つの内容について，1つの内容を取り上げ，資料から読み取れる1つの事実にもとづいて記述している。
		2	1つの内容を取り上げ，資料から読み取れる2つ以上の事実にもとづいて記述している。
		3	2つの内容を取り上げ，資料から読み取れる2つ以上の事実を関連づけて記述している。

戦争」の評価基準と模範回答例

模範回答例
資料1からは，太平洋戦争の戦局が悪化するにつれて，徴兵年齢が幅広になり，徴兵率も1941年と1945年の比較では約3倍に高くなっていることがわかる。 　資料1と資料2からは，農村男子が多く徴兵されたり，兵器や軍事物資に関わる産業に徴用されている。「農産物の生産減少」は，農村男子が徴兵，徴用されたことにより，農業に関わる労働力が減少したことが主な理由であると考えられる。
配給制はもともと，戦時にあって物資の倹約を進める一方で国民に平等に生活物資を行き渡らせるための制度である。戦争が長引くにつれて，生活物資が不足し配給も乏しくなるなかで，役得で豊富な生活物資を手に入れていることのできる政治家や軍人などに対する一般国民の不満や批判が強くなった。配給制をめぐる不平等な状況が，社会的な平等を求める国民の声や行動を強くすることになったと考えられる。
選択肢①（記者の報道の仕方は，正しいと思う。） 理由：1942年のミッドウェー海戦での敗北以来，日本の戦局は悪化の一途をたどっているのに，大本営（政府）発表の情報は，そうした戦局を正しく伝えて現実的な戦略について自らの考えを述べている。 選択肢②（記者の報道の仕方は，正しくないと思う。） 理由：新名記者の戦争報道の基本的な姿勢は，戦争を肯定し，戦争を継続することを主張することにある。 理由：海軍の戦術を支持し，一方的な陸軍批判につながる記事になってはいないか。 選択肢③（どちらとも言えない） 理由：上記①②の理由のミックス。 理由：新聞の報道も，時代の状況の中で全く自由に行えるというものではないだろう。現代に生きる私たちが望ましいと考える新聞報道に対する価値観や倫理観を基準に，過去の，特に戦争時期の記者やその報道のあり方を，「正しい」あるいは「正しくない」と評価することはできないのではないか（留保すべきではないか）。
戦時下（総力戦体制下），戦争の遂行と勝利の目的のために，国家に管理されるかたちで「体力増強」の規範が国民に押しつけられた。強制された「体力増強」の規範が，メディアを通じて人々の日常生活に自然と浸透していくなかで，意図せずにそうした規範からずれた人々を差別し排除する働きをした。

執筆者紹介

加藤寿朗（かとう　としあき）
島根県生まれ。島根県公立小学校教諭，広島大学附属小学校教諭，愛媛大学助教授，島根大学助教授を経て，現在，同大学大学院教育学研究科教授。主著は『子どもの社会認識の発達と形成に関する実証的研究－経済認識の変容を手がかりとして－』（風間書房，2007年，単著），『授業の心理学－認知心理学からみた教育方法論－』（福村出版，2014年，共著），『協働・対話による社会科授業の創造－授業研究の意味と方法を問い直す－』（東信堂，2019年，共著）など。

梅津正美（うめづ　まさみ）
島根県生まれ。島根県公立高等学校教諭，広島大学附属福山中・高等学校教諭，鳴門教育大学大学院学校教育研究科准教授，教授を経て，現在，鳴門教育大学理事・副学長。主著は，『歴史教育内容改革研究－社会史教授の論理と展開－』（風間書房，2006年，単著），『教育実践学としての社会科授業研究の探求』（風間書房，2015年，共編著），『協働・対話による社会科授業の創造－授業研究の意味と方法を問い直す－』（東信堂，2019年，単編著）など。

前田健一（まえだ　けんいち）
佐賀県生まれ。琉球大学助手，愛媛大学助手・講師・助教授・教授，広島大学教授を経て，現在，岡山商科大学特任教授。主著は，『心理学研究の新世紀3　教育・発達心理学』（ミネルヴァ書房，2012，編著），『教師教育講座第10巻　生徒指導・進路指導論』（協同出版，2014，共著），『新しい教職概論－教師と子どもの社会－』（ミネルヴァ書房，2016，共著）など。

新見直子（にいみ　なおこ）
広島県生まれ。広島文教女子大学講師，准教授，2019年大学名称変更により広島文教大学准教授を経て，現在，同大学教授。主著は，『心理学研究の新世紀3　教育・発達心理学』（ミネルヴァ書房，2012，共著），『教師教育講座第10巻　生徒指導・進路指導論』（協同出版，2014，共著），『世代継承性シリーズ3　世代継承性研究の展望－アイデンティティから世代継承性へ－』（ナカニシヤ出版，2018年，共著）など。

子どもの社会的思考力・判断力の発達と授業開発

——歴史的分野を中心として——

2024 年 2 月 29 日　初版第 1 刷発行

著　者	加　藤　寿　朗
	梅　津　正　美
	前　田　健　一
	新　見　直　子

発行者　風　間　敬　子

発行所　株式会社　風　間　書　房

〒 101- 0051　東京都千代田区神田神保町 1-34
電話 03（3291）5729　FAX 03（3291）5757
振替 00110-5-1853

印刷　太平印刷社　製本　井上製本所